LED ZEPPELIN IV

© Erik Davis, 2005
Esta versão foi publicada a partir do acordo com a Bloomsbury Publishing Plc.

Erik Davis

LED ZEPPELIN IV

Tradução de
Alyne Azuma

Cobogó

SUMÁRIO

Sobre a coleção **O LIVRO DO DISCO**	7

Introdução: Over the Hills and Far Away	11
I. Physical Graffiti	23
II. Let the Music Be Your Master	53
III. Gotta Roll	79
IV. In the Middle of the Air	95
V. Wandering and Wondering	129
VI. When Mountains Crumble to the Sea	141
VII. Coda: In the Evening	161

Os títulos e subtítulos dos capítulos deste livro são nomes de discos, canções ou trechos de canções. Optamos por não traduzi-los.

Sobre a coleção **O LIVRO DO DISCO**

Há, no Brasil, muitos livros dedicados à música popular, mas existe uma lacuna incompreensível de títulos dedicados exclusivamente aos nossos grandes discos de todos os tempos. Inspirados pela série norte-americana 33 ⅓, da qual estamos publicando volumes essenciais, a coleção O Livro do Disco traz para o público brasileiro textos sobre álbuns que causaram impacto e que de alguma maneira foram cruciais na vida de muita gente. E na nossa também.

Os discos que escolhemos privilegiam o abalo sísmico e o estrondo, mesmo que silencioso, que cada obra causou e segue causando no cenário da música, em seu tempo ou de forma retrospectiva, e não deixam de representar uma visão (uma escuta) dos seus organizadores. Os álbuns selecionados, para nós, são incontornáveis em qualquer mergulho mais fundo na cultura brasileira. E o mesmo critério se aplica aos estrangeiros: discos que, de uma maneira ou de outra, quebraram barreiras, abriram novas searas, definiram paradigmas — dos mais conhecidos aos mais obscuros, o importante é a representatividade e a força do seu impacto na música. E em nós! Desse modo, os autores da coleção são das mais diferentes formações e gerações, escrevendo livremente sobre álbuns que têm relação íntima com sua biografia ou seu interesse por música.

O Livro do Disco é para os fãs de música, mas é também para aqueles que querem ter um contato mais aprofundado, porém acessível, com a história, o contexto e os personagens ao redor de obras históricas.

Pouse os olhos no texto como uma agulha no vinil (um cabeçote na fita ou um feixe de laser no CD) e deixe tocar no volume máximo.

Where should this music be? I' th' air or th' earth?
— SHAKESPEARE, A TEMPESTADE, ATO 1, CENA 2

O mistério não é uma questão de escuridão. É uma questão
de intriga. Existe entre as duas uma linha tênue, é claro.
Nem mesmo uma linha tênue… é um fio de teia de aranha.
— ROBERT PLANT

Introdução

Over the Hills and Far Away

Alguns anos atrás, um amigo britânico e eu fomos de carro para a Cornualha celebrar o solstício de verão em uma propriedade rural chamada Woodfield. Mark levou uma pilha de CDs — rock de garagem obscuro, psicodelia japonesa, rock progressivo finlandês —, mas o carro alugado só tinha um toca-fitas. Dirigir pela M5 era chato, então, quando paramos em um posto, dei uma olhada casual no display de fitas cassete inflacionadas. Nada havia chamado minha atenção até meus olhos pararem em um velho rabugento carregando um monte de lenha por uma estrada de terra — ou melhor, na imagem do tal velho, emoldurada contra uma parede descascando. Era um exemplar cintilante de rune-rock[1] sem nome, que somos obrigados a chamar de *Led Zeppelin IV*, ou *Four Symbols*, ou *Zoso*. Embora nunca tenha sido meu álbum favorito da banda — eu me alterno entre o *Led Zeppelin III* e *Physical Graffiti* —, peguei a fita, pensando que dez libras não era um preço tão absurdo para um momento de nostalgia em uma viagem entediante.

Era minha primeira visita ao sudoeste da Inglaterra, e Mark sugeriu que saíssemos da M5 e fizéssemos um desvio por

---

[1] Rune-rock é um gênero de metal, geralmente tocado por bandas da Escandinávia, que inclui referências à mitologia nórdica. [N.E.]

Glastonbury, que fica no condado, ou qualquer coisa parecida, de Somerset. Glastonbury é a meca do misticismo da Grã-Bretanha, um lugar encantado carregado de fantasia e tradição que remontam a eras passadas. E é um lugar estranho. Além de uma abadia gótica em ruínas e um poço sagrado reconstruído, há nessa vila uma montanha conhecida como tor — uma atração natural curiosa, com uma torre solitária no topo que se avulta sobre a paisagem do entorno como um antigo túmulo pagão. Glastonbury já foi cercada de pântanos, e histórias ancestrais identificam o lugar como a ilha de Avalon, o mundo sobrenatural celta aonde o rei Artur, ferido, foi levado para morrer. Supostamente, outros visitantes célebres incluem José de Arimateia, que, reza a lenda, navegou de Jerusalém para Glastonbury com o Santo Graal nas mãos para fundar uma das primeiras igrejas do cristianismo. Durante a Idade Média, os monges de Glastonbury criaram a maior parte dessas histórias, chegando a ponto de desenterrar os ossos de Artur — uma "jogada de marketing" que tornou essa abadia inglesa o maior local sagrado de peregrinação até que o rei Henrique VIII executou o abade, afogando-o e esquartejando-o em tor. No século XIX, o monastério arruinado e a fonte ferruginosa das proximidades começaram a atrair ocultistas britânicos. Hoje, tor é frequentado por figuras da new age, hippies esfarrapados e entusiastas dos círculos de plantações que ocupam os campos com máquinas esquisitas.

Chegamos à cidade pelo leste, dirigindo noite adentro. Apesar da hesitação de Mark, depois de sairmos da M5 coloquei a fita do Led Zeppelin, entrando em uma onda tão familiar que as caixas de som do carro pareciam apenas amplificar ondas vindas do meu circuito neural. Enquanto a deliciosa "The Battle of Evermore" acabava para dar lugar à abertura arrebatadora de "Stairway to Heaven" — essa música de casamento ridiculamente incomparável —, o tor surgiu diante de nós contra as nuvens recortadas e flamejantes. De repente, um respingo de luz iluminou a torre, como se uma multidão de homens pequeninos tivesse acendido seus isqueiros. Enquanto escutava a banda progredir, subindo sua "escadaria" sonora, me derreti em um devaneio adolescente e profundo. Lembrei-me de um sonho de infância com fiordes nórdicos, um aroma especialmente forte de maconha sob as estrelas da Califórnia e minha paixão do ensino médio mais incandescente, uma loira chamada Barbara Zinke que eu acreditava ser uma feiticeira. Olhei para além de tor, para além do amontoado de nuvens douradas atrás dele, e tive uma sensação enquanto olhava para o oeste, uma sensação que agora me faz lembrar uma passagem de Lord Dunsany, um dos primeiros e melhores escritores de contos fantásticos modernos:

> ...no sangue do homem há uma maré, aliás, uma antiga correnteza que de alguma forma se parece com o crepúsculo, que lhe traz traços de beleza de lugares longínquos, como pedaços de madeira são encontrados no mar de ilhas ainda não descobertas; e essa corrente, essa maré de primavera que adentra o sangue do homem, vem de sua fabulosa linhagem, do lendário, do antigo; ela o leva para a floresta, para as colinas; ele ouve uma música ancestral.[2]

Naquele momento eu estava ouvindo "Stairway to Heaven", o hino que tocou em mil festas de formatura, uma canção mais

---

[2] Lord Dunsany, "The Bride of the Man-Horse", in: S.T. Joshi (org.), *In the Land of Time and Other Fantasy Tales*. Nova York: Penguin, 2004, p. 186.

desgastada do que antiga, como uma moeda gasta ou uma piada velha. E, mesmo assim, senti a sensação de uma lenda pagã subindo pelo peito. Foi então, com uma combinação peculiar de deslumbramento e vergonha, que virei para Mark e disse: "Você não faz ideia do que este momento significa." Ele apenas riu, e, acompanhados por nossas sombras, demos as costas para tor e entramos na cidade.

Quero me demorar um pouco nesse momento, pois quando se quer escrever sobre um álbum tão monumental e canônico quanto o quarto disco do Led Zeppelin, é preciso uma entrada, e este devaneio crepuscular é minha entrada — e o crepúsculo não era uma força qualquer nessa banda. O logotipo da Swan Song[3] foi tirado de uma pintura obscura do século XIX chamada *Evening (Fall of the Day)* [Noite (decair do dia)], e a última grande ode sexual da banda foi "In the Evening". Mas meu momento crepuscular favorito do Led Zeppelin aconteceu em 1970, quando a banda recusou shows muito bem remunerados em Boston e New Haven para participar de um grande festival a céu aberto em Bath, que por acaso fica a uns 50 quilômetros do Glastonbury Tor. Na época, os Estados Unidos já tinham coberto a banda de amor e dinheiro, mas a Inglaterra estava resistindo. Com seu *line up* estelar e seus 150 mil participantes, Bath foi a chance de o Led Zeppelin triunfar em seu próprio território.

O tempo estava uma droga durante o dia, mas com o entardecer ficou claro que um pôr do sol dramático cairia sobre o campo. Peter Grant, o empresário do Led Zeppelin, já tinha arranjado tudo para que a banda subisse ao palco às oito em ponto, para que o crepúsculo surgisse atrás deles quando as

---

[3] Swan Song foi a gravadora fundada em 1947 pelo Led Zeppelin, após o fim do contrato da banda com a Atlantic Records, em 1973. [N.E.]

luzes do palco se acendessem. Mas conforme a hora se aproximava, uma banda chamada The Flock continuava tocando, arrastando o bis enquanto o sol desaparecia. Grant disse ao malicioso rei dos roadies do Led Zeppelin, Richard Cole, que orquestrou boa parte do caos, para encerrar a apresentação. Então Cole e alguns roadies subiram no palco, desligaram o equipamento do Flock e começaram a tirar tudo. Reza a lenda que quando um roadie do The Flock reclamou, Grant o arrastou para fora do palco e lhe deu uns socos. Supostamente, Cole também desferiu alguns golpes. Em todo caso, o Led Zeppelin conseguiu o que queria. Um Robert Plant barbado apareceu sob as luzes do sol poente vestindo uma calça jeans azul com um volume bem protuberante, enquanto Jimmy Page se protegia do vento com um sobretudo de tweed e um engraçado chapéu de pescador. Abrindo com "Immigrant Song", eles demarcaram o território.

Desse episódio podemos inferir a máxima do Led Zeppelin: magia, custe o que custar. E é essa magia crua que vou tentar explorar neste livro que você tem em mãos. Todos já vivenciamos a "magia da música": seu dom entorpecente de nos transportar para outros lugares, sua maneira de entrelaçar memória e imaginação e de aguçar sentimentos até transformá-los em lâminas afiadas. Mas no caso do Led Zeppelin, precisamos considerar esse clichê quase que literalmente — e não só porque Jimmy Page é o feiticeiro de magia negra mais famoso da história da indústria fonográfica. Pois embora seja provável que Page faça alguns belos feitiços em seus diversos calabouços, eu não sei nada sobre eles. O que sei é que o Led Zeppelin, com muita astúcia e um controle elementar de "luz e sombra", transformou seus álbuns em encantamentos míticos — especialmente seu quarto álbum.

Como você pode notar, escrevo como alguém que está totalmente sob seu encanto. Assim como muitos garotos (e algumas garotas) que cresceram durante o longo declínio da cultura do rock clássico, o Led Zeppelin me deu mais do que uma trilha sonora para ficar chapado e dar uns amassos. Escutar e amar a banda também fazia parte de um rito de passagem, uma jornada guiada por uma paisagem interna que mudava tão dramaticamente quanto o corpo, os órgãos sexuais e o mundo.

O autor Michael Chabon escreveu que a imaginação talvez seja o único capital que os adolescentes detêm, uma possessiva "fortaleza de solidão", cheia de violência e fantasias de poder. No meu caso, nessa fortaleza também estavam gravados os símbolos do ocultismo. Cresci na costa sul da Califórnia, cercado pelos resquícios da contracultura espiritual, e definitivamente absorvi parte do misticismo hippie que ainda havia no ar. Fumei maconha, tomei ácido e olhei fixamente para espelhos a fim de provocar alucinações. Experimentei sonhos lúcidos e, uma vez, acordei em um paraíso protegido de Maxfield Parrish apenas para guiar meu *doppelgänger* para um simulacro fajuto de trigonometria avançada, onde apalpei os seios astrais de uma garota cujo nome esqueci faz tempo. Escrevi poesia lovecraftiana[4] e decorei minhas paredes com pôsteres de Roger Dean, mapas da Terra Média e diagramas herméticos extraídos da enciclopédia *Man, Myth & Magic*[5], roubada da biblioteca. As garotas que eu conhecia queriam astros do pop ou os atletas da escola. Eu queria… Bem, eu queria as garotas, mas, se não podia tê-las, me contentava com a bruxaria, a rebelião invisível da vida interna.

---

[4] Poesia no estilo do autor americano Howard Phillips Lovecraft (1890-1937), famoso por revolucionar a escrita de livros de terror adicionando a esta elementos típicos da fantasia e da ficção científica. [N.E.]

[5] Para uma edição brasileira, ver: *Homem, mito e magia*, 2 vols. São Paulo, Editora Três, 1974. [N.T.]

Ninguém oferecia um conjunto de canções melhor para minha fuga em direção as sombras do que o Led Zeppelin. Em seu mediano, porém delirante livro *Hammer of the Gods*, Stephen Davis chamou a banda de "um culto misterioso com milhões de iniciados". É mais do que uma metáfora: o Led Zeppelin oferecia aos fãs uma identificação mitopoética peculiarmente poderosa que ia além da música em si. Como Andy Fyfe escreveu, "*Led Zepelin IV* mais *O Senhor dos Anéis* mais descobrir as garotas e a bebida é igual a uma 'experiência adolescente masculina muito forte'".[6] Claro que era um rock masculinizado, mas também era um mistério envolto em enigma. As sonoridades teatrais do Led Zeppelin, as capas descoladas e as alusões esparsas a *O Senhor dos Anéis* eram como piscadelas secretas, como uma afirmação de que por entre as brechas daquilo que eu suspeitava ser um mundo de desencanto, residia um outro mundo resplandecente. O Led Zeppelin guardava algum segredo, mas não o revelaria. Se ao menos eu conseguisse entender aqueles quatro famosos símbolos, os quatro sigils — eu pensava —, se ao menos conseguisse desvendar a capa de *Led Zeppelin III* da maneira correta! Aí, sim, essas figuras revelariam suas histórias: a Rainha de Luz, os Guardiões da Escuridão, o Cachorro Negro,[7] o sujeito chamado (Roy) Harper. Então eu saberia quem iria receber aquela garotinha nua que está escalando as pedras no lado de dentro do encarte de *Houses of the Holy*.

---

[6] Andy Fyfe, *When the Levee Breaks.* Chicago: Chicago Review Press, 2003, p. 14.

[7] No original: "Quoon of Light", "Keepers of the Gloom" e "Black Dog", que aparecem, respectivamente, nas composições "The Battle of Evermore", "The Rain Song" e "Black Dog". [N.T.]

Os cristãos renascidos[8] da minha aula de datilografia sabiam: Satã. E embora eu não estivesse pronto para ir tão longe, não estava claro para mim, nem naquela época nem agora, qual lado da força criava a majestade do Led Zeppelin. Claro, Robert Plant parecia mais um hippie bonitão e despudorado do que um servo das profundezas. Mas Jimmy Page, obcecado com o ocultista obstinadamente escandaloso Aleister Crowley, era outra história. Pôsteres na minha parede mostravam Page imerso no que Bowie chamava de "uniforme imagético de Crowley": os fios de seda adornados com papoulas e estrelas dos Reis Magos, o quepe da SS, os olhos puxados e inchados que davam a seu rosto um orientalismo chapado, a Les Paul pendurada tão baixo no corpo que parecia presa ao chacra *muladhara*, onde a *kundalini* flui em espiral. Esse não era um homem "solar". Como tantos fãs, eu tinha ouvido falar dos rumores sobre a venda de sua alma, a livraria de ocultismo, a mansão mal-assombrada perto do lago Ness. Procurando mais fundo, devorei, e depois destruí, a biografia de Crowley de 1951 escrita por John Symond, *The Great Beast*, cuja hipérbole escandalosa e sedutora de muitas formas antecipa *Hammer of the Gods*. Meus estudos não terminaram aí. Para mim, como para muitos outros, o Led Zeppelin funcionou como uma porta de entrada para o oculto, um portal para o esoterismo, com suas ruínas fantásticas, ervas enfeitiçantes e mapas de reinos que estão além dos campos que conhecemos. Para o bem ou para o mal, devo isso a eles.

Sendo assim, este livro é uma espécie de tributo: uma ode ao Himalaia do rock, um olhar pagão sobre o rock'n'roll, os

---

[8] O termo no original é "born-again surfers". *Born-again* [nascer de novo], aqui, se refere a um ritual comum em igrejas cristãs evangélicas americanas. [N.T.]

espectros do anel e o lendário fetiche do encarte do LP. Não escrevo como alguém que acredita, mas como um "crítico da cultura do oculto", fascinado com a tradição esotérica, mas não convencido de nenhuma chave secreta para além da revelação fundamental da imaginação humana. Então, ainda que eu vá levar a magia do Led Zeppelin a sério, não vou, espero, ser sério demais sobre isso. Com certeza não estou interessado em criar mais contos de fadas em torno de uma banda já tão carregada de mitos, nem em especular sobre o que Page estava fazendo nos porões de Boleskine. Em vez disso, quero puxar aquele fio tênue de mistério de que Plant fala — aquele que por tão pouco separa a escuridão da intriga —, e então ver aonde ele leva. Os espectros podem não ser reais, mas eu descrevo o que vejo.

Esse trajeto é possivelmente perigoso quando se lida com uma banda tão poderosa, sedutora e, como dizem, "problemática". Porque o Led Zeppelin foi acusado de muitos males além de adorar o demônio. Nos discursos do rock mais acadêmicos de hoje em dia, nos quais a banda se tornou um ponto de referência importante para uma série de debates acalorados, o Led Zeppelin atraiu acusações de falocentrismo, orientalismo, colonialismo, fascismo, misoginia e de apropriação vulgar de propriedades intelectuais afro-americanas. Há muito a se considerar nesses debates, ainda que pareçam ser mais bem administrados por acadêmicos geralmente favoráveis à banda e ao hard rock, incluindo Steve Waksman, Robert Walser e, em especial, Susan Fast. Mas de modo geral desviei dessas questões e, o que é mais importante, da linguagem que elas costumam incitar. Em vez disso, tentei articular o imaginário mítico da música do Led Zeppelin me submetendo, recorrendo à memória, à sua intensidade sobrenatural. Essencialmente, tentei dar ao garoto enfeitiçado que eu fui as rédeas temporárias da mente de um homem.

A questão do encantamento crítico traz à mente um conto medieval sobre a Glastonbury da Antiguidade. Reza a lenda que, durante um dos mais negros períodos da idade das trevas, um santo galês chamado Collen se instalou no sopé de Tor. Um dia ele ouviu dois moradores locais louvando Gwyn ap Nudd, rei das fadas e senhor de Annwyn, também conhecida como terra dos mortos celta. Collen colocou a cabeça para fora de sua cela e disse aos homens para não se deslumbrarem com as fadas, que, segundo ele, certamente eram demônios. Os dois, que deviam se parecer um pouco com John Bonham, olharam com desdém para o santo e avisaram que ele tinha acabado de marcar um encontro com Gwyn. Collen se recolheu em sua cabana até que o rei das fadas mandou um membro de seu séquito levar o santo ao topo de Tor. Percebendo que era inútil resistir, Collen acabou pegando um pouco de água benta e subiu até o topo da colina, onde se viu cercado por um castelo cheio de músicos glamorosos, servos da corte e jovens belas. O rei Gwyn estava sentado em uma cadeira dourada e ofereceu ao santo algo para comer. Collen, ciente de como as fadas eram, recusou a oferta. Gwyn então perguntou se ele admirava as vestimentas vermelhas e azuis de seu séquito. "As vestes cumprem bem sua função", ele respondeu. "Mas o vermelho é o fogo ardendo e o azul é o frio congelante!" Em outras palavras, o reino encantado era o inferno. O santo espalhou a água benta à sua volta. O castelo desapareceu, as fadas sumiram e Collen ficou sozinho em meio aos ventos de Tor.

E é esse o lugar onde nos encontramos hoje, pelo menos na maior parte do tempo: sozinhos em uma terra com feitiços antigos que se dissolveram no ar. Nesse sentido, Collen é um pensador totalmente moderno. Por trás da declaração teológica do santo está a mais condenatória demonstração de que o glamour pagão é apenas uma ilusão, de que o reino imaginário são apenas efeitos especiais e que o grande e terrível Oz é uma fraude. Um trabalho tão santificado de ceticismo e denúncia faz parte do que significa escrever sobre a cultura de modo crítico. Sem dúvida eu também trouxe meu próprio frasco de água benta para os devaneios que vêm a seguir, e planejo usá-lo quando achar necessário. Mas não posso tapar os ouvidos para o estranho barulho do vento, assim como poucos de nós conseguem resistir ao chamado do espetáculo mágico da tecnologia, com sua Terra Média, sua Matrix e seu Cristo apaixonado. Podemos viver ainda iluminados pelo século das luzes, mas o sol está se pondo a oeste, o crepúsculo se anuncia e o entardecer nos torna todos pagãos.

I. *Physical Graffiti*

Não sei se o rock ainda importa, e na maior parte do tempo eu não me importo. Mas quando (e onde) ele de fato importava, ele realmente importava, pelo menos em parte porque *era* importante. Literalmente. Entre seus muitos significados, o rock era definido por um disco feito de um derivado de petróleo, embrulhado em um quadrado de papelão vibrante e atraente, coberto de palavras e imagens. Seja lá que tipo de clima a música trouxesse — sexo, transcendência ou diversão rebelde —, o rock também era uma *coisa* em si, um objeto manufaturado e embalado cujos poderes de estimulação sobre o corpo e a mente estavam enrolados em sulcos pretos, esperando o toque vibrante de uma máquina com carga elétrica.

Por muito tempo, os fãs de música colecionaram esses discos e seus derivados em CD como se estivessem cultivando um jardim. O que fazíamos era plantar bulbos novos, capinar e podar, deixar algumas áreas sem cultivo e reclamar da falta de espaço. De vez em quando, entregávamos recortes em fita cassete para amigos ou candidatas a namoradas. Mas então o vírus contagioso do MP3 atacou, e a cultura de colecionar música mudou. Agora, com os gravadores de CD e tocadores de MP3, os muros de nossos jardins foram derrubados, e todos copiam música uns dos outros. O festival de pirataria está ativo, mesmo quando as gravadoras se comportam como a Monsanto, mantendo o controle sobre arquivos geneticamente modificados que eles fingem nos "vender". O consumidor de música está se tornando o que Julian Dibbell chama de "arrendatário rural", comprando licenças em vez de discos. Nossas coleções empoeiradas, cada vez menos usadas, parecem mais ruínas do que bibliotecas cheias de vida.

Foi isso que Marshall McLuhan quis dizer ao afirmar que o meio é a mensagem: as características formais das gravações de música mudam a experiência que temos dela. O regime digital reformulou nossa vida musical de muitas maneiras, mas o que quero enfatizar aqui é como nossa relação com as gravações se torna cada vez mais *imaterial*. Quando as músicas se tornam "dados", seu invólucro material, se é que ele existe, vira basicamente um peso morto. "Sem o corpo físico do disco no qual se esfregar", Dibbell escreveu, "a erótica de um consumidor pós-Napster recai no corpo da própria informação".[9] O fetiche da informação, conhecido por todos os acumuladores de MP3, é o resultado inevitável da mudança de gravação, mixagem e masterização analógicas para digital. Claro, CDs são ótimos de manusear, mas com a chegada do grande deus iPod, o CD se revela como nada além de uma coisa de plástico cafona a caminho de virar um arquivo de dados invisível. Nossas coleções estão literalmente perdendo a espinha dorsal, sendo vaporizadas em bibliotecas virtuais, tocadores de MP3 cintilantes e naqueles horríveis *cases* pretos de CDRs. E conforme recorremos

---

[9] Julian Dibbell, "Unpacking Our Hard Drives: Discophilia in the Age of Digital Reproduction", in: Eric Weisbard (org.), *This Is Pop: in Search of the Elusive at Experience Music Project*. Cambridge, MA: Harvard University Press, 2004, p. 287.

a serviços de streaming como Rhapsody, a ideia de que música é uma *coisa* está desaparecendo.

Curiosamente, esse desaparecimento faz sentido, pelo menos no que diz respeito à música. Por quase toda a antiguidade, a música foi, em sua presença sensorial, uma questão essencialmente incorpórea. O poeta de San Francisco Robert Duncan captou essa característica etérea ao descrever a composição da música como "Uma volição para capturar do ar suas formas".[10] Fazíamos música com o corpo, claro, e precisávamos estar na presença de outros corpos para escutá-la. Mas a música permaneceu, em especial para ouvidos que não percebem o ar como um fluido, um fenômeno essencialmente etéreo. Seu fluxo, aparentemente sem corpo, tão parecido com nossa própria consciência, explica por que, de todas as artes, a música foi (e é) uma das que mais consistentemente é aliada ao *espírito*, seja esse espírito expressado na tradição de Orfeu, nas cadências dos santos, ou nos mantras sutis que o *Sharada Tilaka Tantra* afirma existir por trás da criação. O imediatismo incorpóreo da música também ajuda a explicar por que ela detém um poder espiritual e transcendental na vida secular, até niilista, de tantas pessoas.

As gravações mudaram a dinâmica espiritual da música ao sujeitar o fluxo de ondas sonoras à inscrição material. A música, antigamente ouvida apenas no momento da execução, gravou-se em sulcos com ondulações que podiam reproduzir posteriormente os vestígios da performance. A música se tornou uma espécie de *escrita*, um fonograma misterioso que só

---

[10] "A/ volition./ To seize from the air its forms", no original. Robert Duncan, "Light Song", in: Robert Bertholf (org.), *Selected Poems*. Nova York: New Directions, 1997, p. 47.

era devolvido à atmosfera através de um dispositivo industrial. Simbolicamente, a gravação fonográfica originou um movimento duplo peculiar: de atrair o espírito vivo *para a* matéria e, depois, na reprodução, o ato ainda mais fantástico de reproduzir esse espírito — ou algo parecido com esse espírito — *a partir da* matéria. Esse processo deu ao fonógrafo uma dimensão espectral. Como David Toop aponta: "Congelado no tempo dentro dos sulcos, uma voz, um instrumento, um som se tornam mortos-vivos e são venerados da mesma maneira como um ente querido falecido pode ser adorado por anos pelos enlutados.[11] Não é surpreendente que Thomas Edison, que tentou fazer contato com os espíritos através das ondas do rádio, considerasse o fonógrafo sua invenção favorita: os fantasmas surgiam nos sulcos.

De início, Edison não estava interessado em capturar a música ou os espíritos, mas em ganhar dinheiro com mensagens de negócios. Logo os fabricantes do fonógrafo se deram conta de que podiam vender mais máquinas se oferecessem aos consumidores gravações de artistas que admirassem. A empresa alemã Grammophon Gesellschaft apresentou o gramofone em 1896, e na virada do século uma nova indústria emergia. Gravações de áudio se tornaram *commodities*, objetos materiais embalados, anunciados, distribuídos e vendidos no mercado. Essas gravações ofereciam aos consumidores entalhes onde se inscreviam seus prazeres e suas paixões, suas memórias e seus anseios, e a intimidade desses sulcos deu às gravações um poder peculiar. É famoso o argumento de Walter Benjamin de que a reprodução mecânica desencantou objetos de arte, mas os discos na verdade *ganharam* uma aura. Para o musicólogo Albin Zak III, essa "transferência de aura" reside na maneira como os

---

[11] David Toop, *Haunted Weather.* Londres: Serpents Tail, 2004, p. 168.

discos "capturam a presença física e a ação" — termos muito condizentes com o universo zeppeliniano pela maneira como as gravações se tornaram "imbuídas de energia transmitida pela interação de personalidades humanas, incorporadas agora na forma de um artefato com poderes próprios".[12]

Além desses poderes, que Zak consistentemente identifica como "magia de estúdio", os discos também se tornaram um dos produtos mais carregados de imaginação da mídia de massa, talvez o fetiche supremo da indústria cultural. Devemos a importante ideia do "fetiche da *commodity*" a Karl Marx, que foi o primeiro a introduzir o conceito em *O capital*,[13] usando o exemplo de uma mesa. Considerando que a mesa é feita de madeira comum e ordinária, a coisa é apenas um objeto comum e ordinário. Mas quando a mesa passa a ser uma mercadoria, Marx escreve, "ela se transforma em algo transcendente". Ela ganha um valor extra para além de sua simples utilidade. Marx afirma que a mesa "vira de ponta-cabeça" e começa a dançar ao redor da sala como as mesas trêmulas das sessões espíritas de sua época. Marx acreditava que essa transcendência era uma ilusão, um deslocamento da real fonte de valor da coisa: o caráter social do trabalho humano. O capitalismo desvia a relação entre o trabalho e a mercadoria, e as coisas mortas que compramos, portanto, parecem estranhamente animadas, quase carregadas de força vital. Para explicar como esse encanto ocorre, Marx recorre a uma visão de mundo animista dos ditos primitivos, em que "as produções do cérebro humano

---

[12] Albin Zak III, *The Poetics of Rock*. Berkeley: University of California Press, 2001, p. 20.
[13] Para uma edição brasileira, ver: Karl Marx, *O capital*. São Paulo: Boitempo, 2013. [N.T.]

aparecem como seres independentes dotados de vida". Assim, a mercadoria se torna um *fetiche*, uma palavra extraída da nova ciência da antropologia e seu encontro com a religião africana ocidental e seus vários talismãs, bonecos de vodu e instrumentos de feitiçaria.

De uma perspectiva animista, por outro lado, é possível dizer que a mesa dança porque sua madeira *já estava encantada*. Como todas as coisas tiradas da natureza, a mesa participa da matriz criativa que os xamãs e curandeiros tradicionais acreditam ligar a cultura humana aos elementos da terra. O poder de fetiche das mercadorias, então, não é só o deslocamento do valor do trabalho humano, mas também a versão capitalista de um modo ancestral de se relacionar com o mundo material. Se a fonte dessa relação é a mente humana ou a estrutura do cosmo, no fim das contas, não é a questão. O que é importante é que o glamour e a magia das mercadorias não são apenas um efeito espectral do capitalismo tecnológico, mas uma transformação — torta, sem dúvida, e mais do que um pouco mefistofélica — de uma relação criativa e até ritual com a natureza, com a matéria, mãe de todos nós.

Os discos de vinil incorporam o poder encantador das mercadorias modernas de uma forma especialmente potente. Como é hoje de conhecimento geral, eles representam o som como uma onda analógica, cujos sulcos sinuosos imitam as ondas vibracionais de som que se agitam no delicado ar que respiramos. A agulha percorre os sulcos como em uma pequena montanha-russa, reproduzindo fisicamente as flutuações que dão forma ao som a partir do ar. Assim, o analógico é uma *analogia*, uma metáfora gravada. Ele está ligado à onda — às ondulações contínuas que compõem a trama do mundo natural, das ondas do mar às cadeias de montanhas, passando pela pétala de uma rosa. Essa analogia gravada também é um tipo de "magia". Afinal, analogia — "*isso* é como *aquilo*" — é o movimento retórico básico do feitiço, que verbaliza e ilustra as correspondências ocultas entre as coisas, entre, por exemplo, planetas e plantas e o corpo humano.

Todo *yin* tem um *yang*, é claro, e o outro lado da moeda do analógico é o digital: uma série de 1 e 0 que recorta a continuidade fluida dos sentidos em bits discretos. Com o digital, vamos da analogia ao código: as inscrições no seu CD ou as cargas magnéticas do seu HD não "incorporam" a música como um sulco faz. Essas pequenas partículas têm propriedades maravilhosas, a começar pela habilidade de traduzir som para uma série numérica essencialmente imaterial que, em contraste com os estalos pipocantes dos artefatos analógicos, pode ser reproduzido indefinidamente com fidelidade quase absoluta. Contudo, ainda que agora o digital seja predominante, continua-se a debater a superioridade do áudio analógico, em especial dos equipamentos mais antigos, em uma série de domínios — de amplificadores valvulados à síntese eletrônica, passando por caixas de efeito e playbacks de alta fidelidade. (Para constar, Jimmy Page prefere gravações AAD e DDD.)[14] À medida que o digital continua a aprimorar sua simulação do analógico, os defensores da velha ordem podem começar a parecer bem estranhos, como figuras arcaicas que escrevem cartas em letra cursiva. No entanto, apesar das diferenças reais e evidentes na qualidade do som, desconfio que existe um componente não técnico no debate, um componente que não diz respeito ao

---

[14] As siglas DDD, ADD e AAD se referem aos processos de gravação, mixagem e masterização, indicando se foram realizados de modo digital (D) ou analógico (A). [N.E.]

gosto, mas à alma. O calor e o corpo que alguns defensores do analógico reivindicam são, na essência, um traço industrial em uma forma antiga de entretenimento.

A Cloak of Delight

O rock'n'roll deve sua vida ao poder do fetiche pela mercadoria. Toda música gravada lança um feitiço consumista, claro, mas o rock é o primeiro gênero musical a nascer como mercadoria. Albin Zak comenta que o rock era diferente de todos os estilos anteriores por ser "antes de tudo, música gravada".[15] Seu sucesso comercial inédito se deve menos às apresentações ao vivo do que ao rádio e ao mercado novo e arrebatador dos singles de 45rpm, que eram suficientemente baratos e acessíveis para chegar às mãos dos adolescentes. O rock se tornou a música do diabo não apenas por transmitir ritmos negros para uma juventude branca, incitando movimentos rebeldes e prazeres imorais; o rock também fez um pacto espiritual com a forma da mercadoria, com a *matéria à venda*. Para os jovens consumidores, o compacto se tornou um amuleto pessoal com poderes eróticos e energéticos sobre o corpo e a alma, e sua rotação, um eco distante dos movimentos de quadril de Elvis.

Conforme o rock dos anos 1950 se metamorfoseou no rock dos anos 1960, os discos aprofundaram seu apelo sobre a psique auditiva. No final da década, desenvolvimentos técnicos como o toca-discos, o estéreo, as gravações de múltiplas faixas e as capas fotográficas se tornaram um reflexo da exploração midiática das drogas, da sexualidade e do exotismo espiritual

---

[15] Ibid., p. 12.

pela contracultura emergente. Os discos se tornaram talismãs da expansão da consciência, mas uma consciência que era, ainda assim, profundamente corporificada. O primitivismo encardido e a etnofilia dos alimentos naturais da contracultura representam uma aceitação consciente da vida natural, um materialismo espiritual refletido nos rituais do rock. A palavra rock significa *rocha*, afinal, um elemento da terra. O rock é — ou, pelo menos, tem o potencial de ser — baixo, grave, grunge, heavy, hard.[16] Entendeu? O rock é tão grave quanto as vibrações podem ser — é a pedra filosofal sem a filosofia.

E seu fetiche supremo é o álbum, que é tanto um conceito quanto um meio de armazenamento. O álbum transformou uma coleção de singles em um trabalho único, uma entidade holística que era mais do que a soma de suas partes, mesmo enquanto diversificava essas partes por meio das inovações da gravação multipistas. O álbum também representava a encarnação do rock aprofundada em matéria, com a capa o coroando como um objeto estético. Pense na colagem feita por Peter Blake para a capa de *Sgt. Pepper's*, possivelmente o primeiro álbum a ser totalmente completo, ou o retrato em 3D dos Stones em *Their Satanic Majesties Request*. Capas lindas e estranhas apareceram em todos os gêneros e todas as eras da música, claro, mas a arte do álbum atingiu seu auge com o LP de rock no fim dos anos 1960 e começo dos anos 1970 — não por coincidência, o momento do ápice do rock. Em 1972, um jovem, P.J. O'Rourke,

---

[16] Aqui trata-se de um trocadilho. Grungy, heavy e hard são estilos de rock e também adjetivos em inglês que poderiam ser usados para descrever rochas. Significam, respectivamente: sujo, pesado e duro. [N.E.]

já reclamava da tendência na *Crawdaddy*,[17] zombando do espetáculo de zíperes, trapezoides e "um Dave Mason em tamanho quase real que se desdobra quase infinitamente com um disco... da cor de vômito marmorizado".[18]

O Led Zeppelin, com seu controle incomparável sobre a mitologia pop do rock, começou a década com uma dessas engenhocas cafonas. No meio da capa de *Led Zeppelin III*, que surgiu em novembro de 1970, havia um disco de papel giratório do tamanho do vinil. Quando girava, o disco revelava um pântano colorido giratório de borboletas e fotos da banda que apareciam por buracos feitos por molde na capa. A ideia original tinha alguma coisa a ver com os guias de plantas sazonais rotativos populares entre os jardineiros, mas o designer, Zacron, seguiu sua própria musa. Page detestou. Mas o guitarrista conseguiu deixar sua marca mesmo assim, fazendo a expressão "Do What Thou Wilt" [Faça o que quiseres] aparecer na parte interna da impressão original do álbum. "Do What Thou Wilt" é a primeira parte de "Do what thou wilt shall be the whole of the law" [Faça o que quiseres será a lei], a base levemente nefasta da mágica lei de thelema de Aleister Crowley.[19] Algumas cópias de *Led Zeppelin III* também estavam marcadas com a inscrição "So Mote Be It" [Que seja pó], um brado ritual de aprovação comum na maçonaria e na wicca moderna. Ambas as frases, de maneiras diferentes, afirmam o desejo mágico e seu poder de criar realidade com uma afirmação ritual.

---

[17] *Crawdaddy* era uma revista norte-americana especializada em tendências do mercado fonográfico. [N.E.]

[18] P.J. O'Rourke, "The Album Jacket as Art Form", in: Peter Knobler e Greg Mitchell (org.), *Very Seventies*, Nova York: Simon & Schuster, 1995, p. 96.

[19] O lema completo também apareceu na íntegra no single "Immigrant Song/ Hey Hey What Can I Do", lançado nos Estados Unidos.

Com sua embalagem espalhafatosa e seu feitiço decisivo, *Led Zeppelin III* marcou a que grau o Led Zeppelin era, desde o início, uma banda de *álbuns*. Ao longo de sua carreira, o grupo não lançou nenhum single no Reino Unido e apenas uns poucos em outros lugares. Isso não só forçou os fãs a comprarem os LPs como se fossem compactos, como também deu ao grupo um palco grande o bastante para acomodar sua dramaturgia sonora. Você adentrava suas canções como se estivesse abrindo portas duplas para algum calendário obsceno do advento do rei Artur. O álbum também permitiu ao Led Zeppelin engrossar a característica fetichista da capa. Descontente com a capa apressada de *Led Zeppelin III*, a banda exigiu controle total sobre a capa seguinte. Jimmy Page e Robert Plant desenvolveram o projeto, bem como a ideia radical de deixar tanto a capa quanto a lombada sem o nome da banda, o título do álbum ou até mesmo um número de catálogo. A Atlantic Records recusou aquilo que viu, compreensivelmente, vendo aquilo como um suicídio comercial, mas Page bateu o pé, ameaçando atrasar ainda mais o lançamento já adiado do disco segurando as fitas master. Em outras palavras, ele fez o que quis[20] (ou desejou, ou o que seja). A Atlantic cedeu, e o disco surgiu como uma placa sem texto em novembro de 1971. Em seus vários suportes, o álbum viria a se tornar uma das poucas gravações a receber um disco de platina, vendendo bem mais do que 20 milhões de cópias.

Page explicou a embalagem muda como uma reação aos críticos de rock que haviam destruído o disco anterior da banda — para mim, um dos melhores. Ainda que a hostilidade da im-

---

[20] No original, "he did what he wilt", usa-se um inglês antigo que referencia as inscrições previamente mencionadas na capa do disco *Led Zeppelin III*. [N.E.]

prensa musical em relação ao Led Zeppelin tenha sido exagerada, muitos de fato atribuíram o início estrondoso da banda a truques baratos, volume excessivo e jogadas de marketing. Tirar seu famoso nome do quarto álbum foi uma tentativa quase petulante da banda de deixar seu "Grande Trabalho" simbolicamente se manter sozinho. Mas a capa sem informações também trouxe carisma ao quarto disco. Os fãs procuraram significados ocultos e, ao não conseguir encontrá-los, reconheceram um estranho reflexo de sua própria recusa muda em se comunicar com o mundo lá fora. Dos limões que os críticos atiraram, o Led Zeppelin fez sua limonada: a mística. A quebra consciente de comunicação ajudou a criar um dos paradoxos supremos da história do rock: um megahit esotérico, um arcano de sucesso arrebatador. Despido de palavras e números, o álbum não se referia a nada além de si mesmo: um talismã concreto que atraía você para aquele mundo, para dentro de sua estrutura. Todos os títulos que tentamos dar a ele são ruins: *Led Zeppelin IV*, [*sem título*], *Runas*, *Zoso*, *Quatro símbolos*. Em um sentido quase lovecraftiano, o álbum *não tinha* nome, era algo vindo do além, repleto de maná. E, no entanto, seu fetiche misterioso era tão fácil de se comprar quanto uma lingerie.

Mas, no sentido estrito, esse não é um álbum sem nome. Como a embalagem do LP e o box *Complete Studio Recordings*, de 1993, deixam claro, o nome do álbum é ⚝ ⚒ ⊛ ①. Na época do lançamento, a Atlantic chegou a fornecer as fontes para as revistas a fim de que pudessem colocá-lo em suas paradas. Como o tetragrama YHVH dos judeus e dos alquimistas, ⚝ ⚒ ⊛ ① é impronunciável, um emaranhado que enfatiza a coisa mais importante sobre esses quatro sigilos: que eles parecem comunicar algo sem dizer nada. Quando confrontados com sinais tão inescrutáveis, nosso impulso natural é *decodificá-los*, "saber o que significam". Mas, em se tratando de ⚜️⚜️⚜️⚜️ , significados rígidos não são sua natureza nem sua função. Esses sigils, e os sons musicais que eles anunciam, não *significam* mais do que fazem coisas *acontecerem*. E eles fazem coisas acontecerem ao frustrar o processo convencional de significação. E isso, aliás, é um dos procedimentos básicos do ocultismo. Os sinais na parede não estão claros, então eles causam atração, como luzes estranhas no horizonte. E quando você vê que não são nada daquilo que se esperava, é tarde demais: você já atravessou o portal.

The Curving Path

Um velho grisalho olha para você, inclinado sobre uma bengala rústica com o peso da lenha que carrega. Claramente ele é um camponês, um *paganus*, do século XIX, usando um chapéu--coco e roupas esfarrapadas de tweed, com o detalhe de um remendo no joelho quase professoral. Uma figura intrigante, ainda que apenas uma imagem, que notamos pendurada em uma parede descascada coberta com um papel de parede de estampa floral. Ao abrir a capa do disco, recuamos outro passo em relação à imagem do velho, quando o que pensávamos ser uma parede se revela uma ruína. Há arbustos, mato e mais fileiras de casas desmoronando, e uma feia torre britânica do pós-guerra emerge ao longe, já decrépita. Vemos um cartaz quase ilegível da Oxfam em um muro: "Someone dies from hunger everyday" [Alguém morre de fome todos os dias].

Aqui, não há motivo para duvidar da explicação de Jimmy Page: "O velho levando madeira na capa está em harmonia com a natureza. Ele tira da natureza e devolve para a terra. É o ciclo natural. Está certo. Sua cabana velha é demolida, e ele é colocado nessa área urbana pobre, nesses lugares terríveis."[21] Page declarou que Plant encontrou a imagem do velho em uma loja de quinquilharias em Reading, mas outros sugerem que, na verdade, esse homem pode ser George Pickingill, um "feiticeiro" de Essex cuja seita anticristã, de acordo com alguns ocultistas ousados dos anos 1970, influenciou tanto Crowley quanto Gerald Gardner, fundador da wicca moderna. Existe uma pequena imagem de Pickingill na internet, e ele tem o mesmo rosto arredondado e mal-humorado do velho da capa do disco, mas é difícil dizer se é ele mesmo, e na verdade não importa.[22] O importante é que essa figura que representa os velhos tempos é uma pessoa moderna comum, e não um feiticeiro de peito nu destruindo elfos em uma paisagem fantástica de Frank Frazetta.[23]

Ainda que carregado de fantasia, o "paganismo" do Led Zeppelin e especialmente os interesses de Page pelo ocultismo vêm de uma história real. Desde os tempos de Shelley e Byron, a cultura britânica gerou movimentos e pessoas que resistiram aos encantos da modernidade industrial: os pré-rafaelitas e William Morris, a Golden Dawn (uma influente ordem ocultista que incluía tanto Crowley quanto W.B. Yeats) e Tolkien. Como muitos, o jovem Jimmy Page aludiu a essa corrente cultural romântica e muitas vezes nostálgica ao usar roupas esfarrapadas com um

---

[21] Chris Welch, *Dazed and Confused*. Nova York: Thunder's Mouth Press, 1998, p. 56.

[22] Disponível em: www.controverscial.com/Pickingill.gif. Acessado em junho de 2004.

[23] Frank Frazetta é um ilustrador estadunidense nascido em 1928. Ele é famoso por suas ilustrações de fantasia e ficção científica, tendo trabalhado também com histórias em quadrinhos e capas de discos. Frazetta morreu em 2010. [N.E.]

quê de dândi, nos anos 1960. Mas ele levou isso além, colecionando "mobília pré-rafaelita" (supostamente, *Arts and Crafts*)[24] e mergulhando no universo de Crowley, cujo ocultismo surgiu de uma matriz *fin-de-siècle* de arte e extravagância que tanto resistiu quanto abraçou a modernidade. "Acho que sou basicamente um romântico", Page declarou a um entrevistador em 1970. "Não consigo me identificar com esta era..."[25] Ao não se identificar com uma era, o que se faz é olhar para trás, através de uma moldura despedaçada, e imaginar outra. É por isso que o velho não aparece em preto e branco, mas pintado com cores engraçadas: estamos projetando além de ver. Essa projeção é o movimento inteligente que nos atrai para dentro da moldura, para dentro do grupo de uma "tradição" imaginada de magia. Ao mesmo tempo. O trabalho árduo do velho nos faz lembrar que a "harmonia com a natureza" não é fácil. Os rituais que sustentam essa harmonia exigem trabalho físico, e apesar de se suspeitar que a carga pesada que o velho carrega está destinada a algum ritual, alguma fogueira do solstício ou *burning man*,[26] não parece muito divertido ter de carregá-la.

A leitura mais engenhosa com que me deparei foi um texto curto escrito por Crowley para o terceiro volume de *The Equinox*, o instrumento literário da Astrum Argentium, a seita de magia que ele fundou depois de ser expulso da Golden Dawn.

---

[24] Movimento estético surgido na Inglaterra em meados do século XIX que pregava o fim da distinção entre o artista e o artesão. Não durou muito tempo, mas influenciou importantes movimentos como a Bauhaus e a Art Nouveau. [N.E.]

[25] Robert Gordon, *Led Zeppelin: The Press Reports*. Burlington, Ontário: Collectors Guide Publishing, 1998, p. 91.

[26] *Burning man* é um festival de contracultura americano que acontece desde 1986 no Black Rock Desert, em Nevada. [N.E.]

Crowley começa o trecho com uma imagem alquímica imprecisa: o homem luta constantemente com os elementos em seu ser que *afundam*, em especial os elementos da madeira e da água. Crowley sugere que a ferramenta mágica apropriada contra essas forças é o fogo, e espera ansiosamente a época em que a lei de thelema "vá fazer o mundo flamejar". A expectativa de Crowley não é que essas chamas comecem com "pequenos gravetos secos que se queimam rápido e morrem" nem com "grandes troncos, as massas da humanidade". Em vez disso, ele espera ansiosamente por aqueles "pedaços médios" que vão queimar bastante e por um bom tempo, até "as grandes toras arderem". O Led Zeppelin seria esses pedaços de madeira de tamanho médio, os "quatro gravetos" que vão incendiar suas vastas florestas de fãs com a palavra apocalíptica de Crowley.[27]

O sujeito responsável por essa maravilha foi Thomas W. Friend, cujo livro de 632 páginas publicado de maneira independente, *Fallen Angel: the Untold Story of Jimmy Page and Led Zeppelin*, é sem dúvida o tratado mais exaustivamente ocultista sobre o Led Zeppelin já empreendido. Se ele se justifica não precisa nem ser discutido. Plant estava imerso no folclore hippie, enquanto Jimmy Page se destaca como o estudante do ocultismo mais conhecido do rock'n'roll. Mas ele o *praticava*? Os fatos que conhecemos, apesar de amplamente divulgados, apenas nos provocam: Page é um dos maiores colecionadores de *memorabilia* de Aleister Crowley do mundo e garimpou primeiras edições, pinturas, baralhos de tarô e trajes rituais de Beast (como Crowley era conhecido). Em 1970, ele comprou

---

[27] Thomas W. Friend, *Fallen Angel*. Sherman Oaks, CA: Gabriel Publications, 2002, p. 6.

a Boleskine House, uma mansão do século XVIII na margem sudeste do lago Ness que um dia pertenceu a Crowley. Page trabalhou na trilha sonora do filme *Lucifer Rising*, de Kenneth Anger, uma invocação ritual em celuloide fortemente influenciada pelo conhecimento e pela experiência de Anger com a thelema. Em entrevistas, Page mencionou ter participado de sessões de comunicação com espíritos e praticar yoga. Arriscando um pouco, é possível argumentar que Page também se encaixa em uma espécie de perfil ocultista: filho único nascido sob a regência de Saturno, criativo e isolado, obcecado por controle. Mas ele sempre manteve suas cartas de Tot[28] perto do peito. Não fazemos ideia de como ele pode ter passado da teoria à prática, ainda que eu suspeite que ele não tenha comprado a Boleskine por causa da vista.

Se ocultismo de Page está presente na música do Led Zeppelin ou nas letras de Robert Plant é outra questão, é claro. Friend acredita que isso explica tudo, pois os membros da banda seriam, como ele fica muito feliz em afirmar, "quatro dos adoradores do demônio mais perigosos que já pisaram sobre a terra". Sabe, o Friend é um cristão renascido, mas era um fã inveterado do Led Zeppelin em 1977, quando viu sua banda favorita no Madison Square Garden durante a volta triunfante às turnês depois de dois anos de conflitos pessoais. Durante "No Quarter", Jimmy Page sacou um peculiar instrumento eletrônico chamado teremim, cuja sonoridade estranha ele estava explorando desde o estribilho psicodélico no meio de "Whole Lotta Love". Quando Page começou a mover as mãos ao redor das duas antenas do instrumento, Friend, que estava meio tonto e chapado, sentiu

---

[28] Jogo de tarô criado por Aleister Crowley, cujo nome tem origem no deus egípcio Tot. [N.E.]

"uma rápida onda narcótica" enquanto o espaço ao seu redor se encheu de demônios. E foi dominado pela tentação de entregar sua alma ao diabo. Ele resistiu e, trinta anos depois, escreveu e publicou *Fallen Angel* para alertar outros fãs sobre o satanismo contagiante que se esconde no cerne da música do Led Zeppelin e, em especial, de ⚬⚬⚬⚬. Para completar sua tarefa, Friend leu mais de trinta livros de Crowley, e hoje tem mais conhecimento da Cabala ocultista do que de qualquer vertente do cristianismo, exceto talvez pelas mais fundamentalistas. O sujeito não é um acadêmico; ele cita um livro ilustrado de *Wizards and Witches*, da Time Life, e se refere a Fausto como fonte — o personagem da ficção, e não o texto. Ele dá grande importância a sincronicidades e numerologia e entende a linguagem poética como fato sobrenatural, o que torna os trechos mais criativos do livro divertidos e, de vez em quando, esclarecedores.[29] Infelizmente, a interpretação final de Friend é enlouquecedoramente previsível. Cada figura mítica que atravessa o palco — Apolo, rei Artur, Hórus — acaba se revelando Satã disfarçado, e todos os roqueiros seus eternos seguidores. Até o ABBA é revelado por seu pacto demoníaco mencionado no título de seu box *Thank You for the Music*.

Provavelmente o pacto com o diabo mais famoso da tradição do rock foi feito pelo Led Zeppelin, que supostamente vendeu a alma, como Robert Johnson, em troca de sucesso musical. (Se foi esse o caso, eles sem dúvida conseguiram um acordo melhor do que o músico do Delta Blues, que morreu aos 27 anos, provavelmente envenenado, depois de ter gravado um

---

[29] Por exemplo, em meio à arqueologia do simbolismo solar pagão, ele comenta que Elvis Presley — o rei a quem Robert Plant deve toda sua lealdade — era representado pela Sun Records.

punhado de compactos com vendas decepcionantes). O boato sobre o Led Zeppelin era infundado, digno de uma revista para adolescentes, mas sua onipresença cafona comprova o talento da banda em criar mitologia de massa de verdade. Basta comparar a banda com os Stones, aventureiros das trevas amplamente considerados *bad boys* pela mídia. Sim, os Stones tiraram o chapéu para Papa Ghede[30] e expressaram simpatia pelo diabo. Mas quem de fato detém mais maestria satânica? Mick, o eurotrash com um MBA, ou o deus Pã libertino de Birmingham? O charmoso Charlie Watts ou o potencialmente bárbaro John Bonham? Ou tente fazer esta experiência mental: você entra em um elevador, e lá está Keith Richards, encostado na parede, sorrindo para você. Você murmura alguma coisa típica de um fã, grato e impressionado com o fato de que aquela assombração grisalha e absurdamente rica ainda caminha entre nós. Agora se imagine na mesma situação diante de um Jimmy Page silencioso, felino, sombriamente vaidoso. Você provavelmente iria querer apenas dar o fora dali.

Pensando em termos literais, o satanismo do Led Zeppelin é bobo, mas como ilustração de sua influência cultural, ele merece atenção, especialmente quando chega até você por alguém tão criativo, ainda que paranoico e obsessivo, como Thomas Friend. Uma das afirmações mais audaciosas e intrigantes de Friend diz respeito à imagem dentro da capa de ☙ ⚶ ☮ ①, que foi concebida por Page e concretizada, a lápis e em dourado, por seu amigo Barrington Colby. No topo de uma montanha está um outro homem velho, uma figura inspirada na imagem clássica do eremita do tarô de Rider Waite — um símbolo de autocon-

---

[30] No vodu haitiano, Papa Ghede é o grupo de espíritos que encarnam os poderes de morte e fertilidade. [N.E.]

fiança e sabedoria, de acordo com Page. Ainda que o eremita, em geral, seja visto como uma figura de iluminação solitária, aqui ele espera um explorador imundo, que está embaixo, subir a montanha. Essa subida está refletida naquela cena fantástica de Jimmy Page no filme *The Song Remains the Same*, que mostra o guitarrista subindo uma montanha para encontrar um velho — também interpretado por Page — cujo rosto passa por diversas metamorfoses lisérgicas antes de ele mover sua varinha — o que, por si só, é um eco psicodélico do uso que Page fazia do arco do violino no palco. Friend chama atenção para o fato de a cena ter sido filmada atrás da mansão Boleskine em uma noite de lua cheia. Ele também nos lembra que Crowley comprou a propriedade isolada em 1899 para tentar a árdua Operação de Abramelin, o Mago, cuja bem-sucedida conclusão resulta na "obtenção da Sabedoria e da Invocação do Santo Anjo Guardião". Para os thelemitas, esse encontro com o Santo Anjo Guardião — também conhecido como a divindade demoníaca de uma pessoa ou seu eu superior — significa a descoberta do Verdadeiro desejo.

Friend afirma que Crowley invocou o Santo Anjo Guardião em Boleskine, e que Page comprou a casa para realizar o mesmo ritual (Stephen Davis conta que Page também contratou "o satanista Charles Pierce" para restaurar alguns murais de Crowley). Infelizmente, os diários de Crowley sugerem veementemente que ele encontrou seu Santo Anjo Guardião muito depois, em Surrey, onde estava se escondendo da esposa e fazendo experiências com haxixe e oração. Contudo, existe um certo charme louco na afirmação de Friend. Ele nota que o Led Zeppelin não estava em turnê durante o outono de 1970, um intervalo que só acabou quando a banda se reuniu em dezembro para começar a ensaiar e gravar seu quarto álbum. Ainda que o período fosse limitado, segundo padrões verdadeiramente salomônicos, Friend acredita que Page teve sucesso em invocar o Santo Anjo Guardião, que, é claro, é na verdade o diabo, e esse triunfo está refletido na capa de Colby, na cena fantástica posterior e na música fenomenalmente popular de 🎵 ♣ 🎶 ①. E foi por isso que a banda não colocou o próprio nome na capa. Não foram eles que compuseram as músicas. *Foi Satã*.

Claro, Jimmy Page provavelmente passou o outono de 1970 apenas se drogando, tocando guitarra e ouvindo *Band of Gypsys* e *Trees*. Mas existem certas peculiaridades na imagem de Colby que são dignas de nota. Há apenas uma diferença significativa entre o eremita de Colby e a imagem de Rider Waite, uma diferença que Friend aponta com admirável clareza: "Há chifres saindo pelo capuz!!!"[31] Existe ainda uma outra surpresa além dessa alusão de iconografia diabólica: se você abre a capa na vertical e coloca o lado direito da imagem de frente para um espelho, uma fera ganha forma a partir dos escombros da montanha e salta diante dos seus olhos. Vá em frente, tente fazer em casa. A fera é um dragão? Um cérbero? O cachorro preto? Friend não elabora sobre esse simulacro, apesar de declarar que vê a imagem de um falcão escondida na montanha de Colby. Depois de realizar um Ritual Menor de Pentagrama e meditar com essa imagem por algumas horas, no entanto, acredito que o totem voador na verdade é um pinguim.

Como explicamos essas criaturas que se formam a partir de rabiscos aleatórios? Pense na sua infância: elefantes e navios piratas se formavam nas nuvens no céu ou em pedras desgastadas. Esses desenhos animados espontâneos nos fazem lem-

---

[31] Thomas W. Friend, *Fallen Angel*. Sherman Oaks, CA: Gabriel Publications, 2002, p. 399.

brar que nosso cérebro não é apenas um receptor passivo de informação, e sim um projetor ativo de significado, constantemente conectando informações obtidas a percepções holísticas. Em certas situações, essas projeções têm uma forte origem no arquivo de sonhos da imaginação, especialmente quando dados visuais são indistintos ou ambíguos, uma condição prévia que faz nossas projeções tenderem ao fantástico. É famosa a sugestão de Leonardo da Vinci de que pintores novatos passassem algum tempo olhando para paredes manchadas e rochas mosqueadas até que "a imagem de paisagens divinas" emergisse.[32] Essa reação fantasmagórica à ambiguidade visual também explica por que as sombras oblíquas do crepúsculo podem criar um brilho mitológico sobre a terra. Também explica o título alternativo para o desenho de Colby: *View in Half or Varying Light* [Vista/ Veja pela metade ou Luz variante]. A palavra *view*, aqui, que pode ser lida como um substantivo (vista), pode na verdade ser um imperativo (veja). Ao vermos o desenho partido ao meio, espelhado, ou sob luz variante, a capacidade da obra de invocar sua imaginação aumenta. Entendeu? *A besta está dentro de você.*

Magic Runes

Ao abrir o encarte dentro da capa, encontramos a letra de "Stairway to Heaven", alguns dados da gravação e quatro símbolos peculiares gravados no papel cor de pergaminho. Esses famosos símbolos, ou sigils, concentram e refratam o mistério de todo o álbum. A primeira coisa que precisa ser dita é que existem quatro deles, e que aparecem no quarto álbum lançado por um quarteto,

---

[32] Joe Banks, "Rorschach Audio", in: *Strange Attractor 1*, p. 151.

um disco que traz quatro faixas de cada lado. Em um trabalho talismânico como ⚝ ⚚ ☮ ①, todos esses "quatros" sugerem a quaternidade mais fundamental do ocultismo: terra, ar, fogo e água, os quatro elementos que se acreditava constituírem toda a realidade material. Como Crowley sugeriu no trecho de *Equinox* citado anteriormente, esses elementos também são qualidades espirituais e estavam decisivamente ligados aos quatro naipes do baralho de tarô do mago francês Éliphas Lévi. Em seu influente livro de 1855, *Dogma e ritual da alta magia*, que deu início ao *revival* do ocultismo moderno, Lévi expandiu a rede mágica de correspondências ao correlacionar a terra, o ar, o fogo e a água com, respectivamente, discos (ouros), espadas, cetros (paus) e copas.

O sigil de John Bonham, posteriormente gravado em seu bumbo, é composto por três anéis; com um pouco de imaginação, podemos ver o símbolo de John Paul Jones como três cálices unidos por um círculo central. A terra e a água são elementos *básicos*; Jones tocava baixo e Bonham, ou Bonzo, era a base, pelo menos quando não estava bêbado. A pena de Plant, o artífice da palavra, claramente pertence ao ar, o elemento da fala e do pensamento representado no tarô pelo naipe de espadas — uma espada que Plant manuseia em sua cena fantástica de *The Song Remains the Same*. E com Page, é claro, fica o elemento do fogo, das energias transformadoras e dos desejos mágicos. No tarô de Lévi, o fogo e o desejo estão associados ao naipe de cetros (ou arcos de violino), e, além disso, incluindo uma série de formas parecidas com um cetro, o corte do Zorro de ⚝ lembra o fogo elétrico do raio, a faísca de processos alquímicos.

Quando tentam descrever a sinergia que grandes grupos musicais podem gerar, os críticos de música muitas vezes recorrem, de maneira bem livre, à ideia da alquimia. Na alquimia, que é diferente da química em sua sensibilidade à dinâmica psicoespiritual, diversos materiais básicos são combinados, às vezes sob forte tensão, para transformar essas substâncias em coisas raras e nobres. A alquimia é a metalurgia do espírito, e, sendo assim, é uma analogia adequada para a música, talvez a mais espiritual das artes. Mas com o Led Zeppelin vamos além da simples metáfora, ou pelo menos da parte mágica da metáfora, porque no som e no espírito a banda invocava forças elementares para criar suas paisagens sonoras e canções. Muitas das características únicas do grupo — seu drama e sua dinâmica, seu leque de estilos e climas, seu controle criativo e seu tremendo sucesso — estão ligadas à sua habilidade de combinar e contrastar de modo criativo elementos musicais básicos e torná-los presenças transformadoras. E ⚡🜨🜍☉ é sua obra-prima, na qual transformam chumbo em ouro, depois em platina e finalmente em diamante, a maior fusão de solidez e luz.

Page pediu que a banda escolhesse seus sigilos a partir de uma fonte existente, o *Livro dos símbolos*, de Rudolph Koch, mas ele mesmo e Plant acabaram criando os seus. ("Típico, na verdade", Jones comentaria depois.[33]) Koch era tipógrafo e artista, e sua coleção de glifos antigos e medievais tinha como objetivo original ser uma fonte de consulta para artistas gráficos. Ainda que breves explicações acompanhem os símbolos, a intenção de Koch nos faz lembrar que os sigilos da banda não têm necessariamente mais "significado" do que a maioria dos elementos do design. Existe um significado para a fonte elegante em estilo *arts and crafts* que Page usou para a letra de "Stairway

---

[33] Andy Fyfe, *When the Levee Breaks*. Chicago: Chicago Review Press, 2003, p. 106.

to Heaven" do outro lado da capa? Ou é só um estilo? Parte da perspicácia por trás desses sigils é que eles nos compelem a decodificá-los. Não é suficiente simplesmente vê-los girar ao redor do eixo de um toca-discos, borrando o desenho até ele virar uma fantasmagoria de op art. Eles precisam falar.

Page afirmou que o glifo de Jones representava habilidade e talento, mas Koch nos conta que ele era usado para exorcizar feitiços do mal. Esse fato ajudou a alimentar o boato de que, enquanto seus companheiros de banda tinham vendido a alma para o diabo, o tecladista e baixista se absteve — um boato típico de tabloide vagamente "amparado" pelo fato de Jones não ter tido problemas durante sua vida na banda, enquanto seus companheiros sofreram de vício em heroína, asfixia em decorrência de uma bebedeira, um acidente de carro avassalador e a morte de um filho. Os três círculos no sigil de Bonham podem ser associados a qualquer tríade que você consiga listar. Koch menciona a santíssima trindade cristã, mas no baralho de Tot de Crowley, em que o glifo aparece nas mãos do Hierofante, ele simboliza a trindade thelemita de Osíris, Ísis e Hórus (ou a trinca mais esotérica de Nuit, Hadit e Ra-Hoor-Khuit). Pode-se suspeitar que Bonham simplesmente gostou da forma arredondada de pele de tambor, ou sua semelhança com os anéis sobrepostos deixados pelos copos em um bar. Essa última interpretação "inebrientista" parece ser confirmada pela existência do sigil no rótulo da cerveja da Ballantine, onde ele representa Pureza, Corpo e Sabor.

Robert Plant, com seu tremendo corpo e sabor, mas talvez nem tanta pureza, muito provavelmente tirou sua pena fálica de *Lost Continent of Mu*, do coronel James Churchward,[34] um

---

[34] Para uma edição brasileira, ver: James Churchward, *O continente perdido de Mu*. São Paulo, Hemus, 1972. [N.T.]

clássico comercial da "civilização perdida" que sem dúvida está guardado em sua estante de livros. Churchward liga o símbolo ao Egito, onde, na verdade, uma única pena vertical representava Ma'at, a deusa da verdade e da justiça. Os antigos egípcios acreditavam que, quando morremos, o cachorro preto Anúbis nos conduz até a Sala das Duas Verdades, onde nosso coração é posto em uma balança e pesado contra a pluma de avestruz de Ma'at. Se nossos corações estiverem pesados por causa da maldade, somos destroçados pelas mandíbulas salivantes de Ammut; se não, passamos para os Campos da Paz. A capacidade de *julgamento* da pluma é, acredito eu, muito mais importante do que suas qualidades usadas para a escrita e a poesia. O dia do juízo aparece por todo o disco, de "The Battle of Evermore" até o dilúvio apocalíptico de "When the Levee Breaks".

O sigil de Jimmy Page, estampado em seus amplificadores e suéteres, bem como no quarto disco da banda, é o Santo Graal do folclore do Led Zeppelin. As exegeses foram vastas, invocando tudo, do personagem Curious George à pirâmide egípcia de Djoser, passando pelo videogame Star Trek, da Nintendo. Inevitavelmente, investigadores do diabo como Friend encontraram o temido 666 na figura, e sua fonte — uma chave em *Equinox*, de Crowley, que equipara o numeral 6 a um círculo pontilhado — parece bastante sólida. (O porquê de o segundo 6 ser representado por um "S" rabiscado continua sem resposta. Sobre essa questão, eu recorro a Friend: "Pense em como esse símbolo pareceria idiota se houvesse três figuras de 'O' com pontos no meio."[35] A solu-

---

[35] Thomas W. Friend, *Fallen Angel*. Sherman Oaks, CA: Gabriel Publications, 2002, p. 349.

ção convencional mais satisfatória para ✺ aparece em *In the Light*, um site administrado por um místico neozelandês chamado Duncan Watts.[36] Nele, Watts disponibiliza a versão escaneada de um sigil parecido desenhado esquematicamente, segundo ele, pelo matemático e astrólogo Jerome Cardan, em 1557. Cardan usava o glifo para representar Saturno, o "mais pesado" dos planetas, que rege Capricórnio, por acaso o signo de Jimmy Page. Mas Page, sempre um apropriador, parece ter tirado o símbolo de *Le Dragon Rouge*, um manual de feitiçaria particularmente repugnante que apareceu no começo do século XIX, mas que remonta a uma origem muito anterior. Os boatos que ligam o símbolo de Page a esse livro raro de magia negra circulam há anos. Robert Gordon fala disso em seu livro de histórias sobre ✺ ⚭ ✹ ①, sem provar nada, e confunde ainda mais as coisas ao escrever que o sigil de Page deveria estar de ponta-cabeça. Na tradução de Robert Blanchard de 1995 do *Dragão Vermelho*, que reproduz o original francês, encontramos a resposta definitiva: o idêntico do símbolo de Page, virado para o lado certo, em um grupo de sigils dedicados a Saturno. Um fã esperto do Zeppelin pode ter brincado de *Necronomicon*[37] e inserido o símbolo de Page no texto de Blanchard como um embuste, mas isso parece bem improvável. ✺ é Saturno, o mestre sombrio dos planetas.

Mas há algo não satisfatório nessa criptoanálise. ✺ é ao mesmo tempo menos e mais do que um código que pode ser decifrado. A coisa mais reveladora que Page já disse sobre o

---

[36] Acessado em setembro de 2004.

[37] Importante livro da mitologia de H.P. Lovecraft, que descreve numerosos rituais místicos e, segundo o autor, teria na verdade sido escrito em 730 d.C. [N.E.]

sigil foi dito para Ritchie Yorke: "Muita gente acha que se trata de uma palavra — Zoso —, o que é uma pena, porque não era para ser uma palavra de jeito nenhum, e sim uma coisa totalmente diferente."[38] Isso sugere algo mais incomum do que um glifo astrológico torto, e acredito que a resposta está em outra conexão notada pelos cabalistas do Led Zeppelin: a similaridade de ⟨⟩ com Zos, o nome mágico do artista e mago inglês Austin Osman Spare.

Spare, que nasceu sob o signo de Capricórnio em 1886, foi o ocultista mais radical do período pré-guerra, e suas obsessões sexuais e mágicas eram, se é que se pode dizer isso, mais desagradáveis e diabólicas do que as de Crowley. Ainda que Spare tenha estudado por um breve período com a Besta, ele virou as costas para a tradição esotérica e abraçou Freud, Nietzsche e um automatismo psíquico que era surrealista *avant la lettre*. Desenhista impressionante, Spare colocou a magia do sigil no cerne de seu trabalho. Ele chamou essas figuras de "monogramas do pensamento" para o "controle da energia".[39] Spare rejeitou a iconografia consagrada da tradição ocultista; para ele, não havia um sigil "correto" ou "incorreto", nem um atributo místico predeterminado como diz Koch. Em vez disso, a magia do sigil era uma espécie de autossugestão criativa. O método de Spare era escrever um desejo específico, mágico ou não, e depois condensar e recombinar de maneira obsessiva as letras para formar uma figura. Esse sigil era então comunicado ao inconsciente por meio de um estado de transe intenso (as

---

[38] Andy Fyfe, *When the Levee Breaks*. Chicago: Chicago Review Press, 2003, p. 110.

[39] Austin Osman Spare, "The Book of Pleasure", in: *From the Inferno to Zos*. Seattle: First Impressions, 2003, p. 50.

drogas e o sexo, feito sozinho ou acompanhado, ajudam nessa etapa). Ele insistia que, para que um sigil funcionasse de fato, o consciente precisava *esquecer* sua intenção original.[40]

Em todo caso, a magia do sigil de Spare nos afasta da questão do significado e nos leva para o ato criativo da inscrição em si. O sigil não é um significante, mas uma imagem de energia gravada, uma impressão congelada de um desejo físico que tem uma vida material própria. Em outras palavras, um sigil se parece muito com um disco de rock. Talvez isso explique por que o único elemento de design compartilhado por todos os quatro símbolos de 🜚 🜛 🜜 🜝 seja o disco; os dois anéis de Page têm até buracos no centro. O LP de rock era, pelo menos no começo da década de 1970, um amuleto prensado e embalado, um pentagrama de plástico que invocava os poderes do ar. É impossível não lembrar selos mágicos como o Sigillum Dei Aemeth, feitos pelo dr. John Dee, o mago elisabetano cujo sistema enoquiano era adorado por Crowley. O Sigillum, hoje exposto no British Museum, é um símbolo circular sem cor de quase 23 centímetros de diâmetro, gravado com um complexo diagrama mágico que ajudou Dee a invocar seres angelicais. Como os cilindros fonográficos originais, que o próprio Crowley usou para gravar algumas mensagens enoquianas nos anos 1920, o pentagrama de Dee era feito de cera. Quando Page inscreveu o lema de Crowley no álbum *Led Zeppelin III*, ele estava fazendo referência a esse legado de inscrição mágica.

---

[40] Esse esquecimento proposital pode lançar alguma luz sobre a história mais interessante a respeito de 🜚 . De acordo com Robert Plant, Jimmy Page uma vez levou o vocalista para o canto e contou o significado do sinete, que Plant depois esqueceu. "E agora Page não quer me contar", disse ele.

Assim como o *Led Zeppelin III*, a tiragem original de ☙⚒⊛① incluía mensagens na parte interna da matriz. O primeiro lado diz "Pecko Duck", enquanto o segundo traz o agourento "Porky". Estudiosos do esoterismo quebraram a cabeça com os bestiários medievais e os livros sombrios da magia sexual antes de constatarem que essas inscrições se referem simplesmente ao responsável pelas fitas master: George Peckham, da Porky's Disc Cutting Service.

II. Let the Music Be Your Master

🎵 ⚙ ☸ ① começa com cinco segundos de um gozo eletrônico pulsante. Ouvimos um breve barulho da fita magnética começando a rodar, seguido de duas notas do baixo de Jones. Mas o principal som é uma série rápida de mais ou menos vinte scratches que começam a sair do andamento e a diminuir de velocidade, até se tornarem um som confuso, como um DJ perdendo o fôlego. Essas pulsações soam regulares e "eletrônicas"; não parecem ter saído de uma guitarra, pelo menos da maneira convencional. De acordo com Chris Welch, Jimmy Page descreve o som como "o exército da guitarra despertando. Bom dia!".[41]

O "exército da guitarra" é uma expressão que Page usou para descrever seu uso inovador e satisfatório de guitarras em coro, repleto de efeitos e usando diversos canais. (E é também o nome de um livro de 1972 do empresário do MC5, John Sinclair.) Em uma entrevista de 1977, depois que um jornalista lhe perguntou sobre seus melhores solos, Page falou sobre "orquestrar a guitarra como um exército" — construir harmonias, diferentes camadas de guitarra, amplificadores e timbres —,

---

[41] Chris Welch, *Dazed and Confused.* Nova York: Thunder's Mouth Press, 1998, p. 59.

explorando "colagens e tessituras de som". Em outras palavras, em vez de falar de si mesmo como um virtuoso, Page falou como alguém que gosta de ter controle sobre o campo todo. O guitarrista afirma: "Minha vocação está mais na composição mesmo do que em qualquer outra coisa." Page acerta em cheio, mas só se entendermos "composição" no sentido mais amplo: não apenas a criação e orquestração da música em si, mas o agrupamento de muitos elementos — guitarras, efeitos, gravação multipista, produção, sequenciamento de músicas, capa dos álbuns — para formar todo um universo sonoro. Page era um ótimo produtor de discos, um mestre do que os críticos de cinema chamam de *mise-en-scène* — a arte do diretor de colocar a ação dentro do espaço do frame. Ira Konigsberg definiu a *mise-en-scène* como:

> a composição do filme — a relação entre objetos, pessoas e multidões; a interação entre luz e sombra; o padrão de cores; a posição da câmera e o ângulo — bem como o movimento dentro do frame.[42]

Substitua "câmera" por ouvinte e você vai entender o que Page quis dizer com "composição": uma coreografia simbólica e emocionada que envolve aglomerações de sons, as evocações líricas de Plant, cores musicais e o movimento dos instrumentos pelo espaço sonoro. A metáfora visual aqui não é acidental. Page trata o som como uma espécie de imagem em movimento; uma sinestesia espectral refletida em sua famosa descrição da arte como um "tipo de construção de luz e sombra".

---

[42] Ira Konigsberg, *The Complete Film Dictionary*. Nova York: New American Library, 1987, p. 240.

Como talvez a mais bem-sucedida dessas construções, ⚜️🜲🜚🜛 exige que se preste atenção a Page como produtor, reconhecendo desde o início que, como muitos produtores, ele recebe crédito por coisas que outras pessoas fizeram. Antes de formar o Led Zeppelin e tocar com o Yardbirds, Page passou três anos como músico de gravação e tocou em uma estimativa de entre 50% e 90% dos discos gravados na Inglaterra entre 1963 e 1965, incluindo os primeiros sucessos de The Who e The Kinks. Ele era um picareta, em outras palavras, mas um picareta muito capacitado e muito bem pago. Durante esse período ele não só aprendeu a criar uma vasta gama de estilos por encomenda, mas também absorveu truques de produção e se aproximou de engenheiros, o que mais tarde possibilitou que obtivesse o melhor de figuras como Eddie Kramer, que trabalhou com Hendrix e ajudou a desenvolver muitas faixas do Led Zeppelin. Anos antes de orquestrar o Led Zeppelin, Jimmy Page desenvolveu uma compreensão profunda de que discos de rock eram construções, em um modo de produção pop, às vezes sofisticado, às vezes grosseiro.

Sua posterior facilidade no estúdio também refletiu um fascínio com máquinas de som eletrônicas que permeiam sua carreira musical. Tocando com Neil Christian and The Crusaders em 1962, aos 17 anos, Jimmy Page foi um dos primeiros guitarristas de Londres a usar um pedal; em meados dos anos 1970, ele estava usando delays digitais, sintetizadores de guitarra e uma estrutura para tocar ao vivo que incluía wah-wah, efeitos MXR e o que ele admitia ser uma "extravagância completa": harmonizador, teremim, Echoplex e o famoso arco de violino. Ao forçar os limites do som, esses equipamentos levaram a virtuosidade associada ao *guitar hero* para o domínio da experimentação tecnoacústica. Mas essas ferramentas também deram a Page uma forma de criar atmosferas dramáticas, tão importantes para sua ideia de "luz e sombra". Em especial, Page usou eletrônicos para explorar o que entusiastas da música chamam de *timbre*: a textura de um som, seu brilho, granulação ou cor. O leque de timbres de Page define o seu estilo de tocar tanto quanto suas frases de guitarra e sua mistura de estilos acústicos e eletrônicos. Pense no som sexy de ferroada de marimbondo em "Black Dog", no wah-wah dilacerante de "Trampled Underfoot" ou na grandiosidade misteriosa de "Achilles' Last Stand". Antes do lançamento de *Physical Graffiti*, Page já tinha transformado a guitarra em um sintetizador analógico esquisito, o que permitia que ele explorasse os potenciais de ambientação e atmosfera do som eletrônico enquanto sustentava o erotismo de dedilhar o braço da guitarra. Nisso, sonoramente, Page se manteve um filho fiel à psicodelia dos anos 1960, abraçando a ideia de que, como Steve Waksman afirma, "o som amplificado tem um potencial transformador considerável".[43]

De todos os *guitar heroes* dos anos 1960, Jimi Hendrix foi aquele que levou seu potencial transformador mais longe, tanto no palco quanto em seu trabalho de estúdio obsessivo e quase extraterrestre. Mesmo assim, parece importante notar que Page pediu que Roger Mayer construísse um pedal de fuzz em 1964, anos antes de Hendrix levar o equipamento de Mayer para sua "névoa roxa"[44]. As excelentes máquinas de Mayer também nos dão uma perspectiva diferente do "exército de guitarra" de Page, pois quando Mayer começou a construir seus pedais de fuzz pa-

---

[43] Steve Waksman, *Instruments of Desire*. Cambridge, MA: Harvard University Press, 1999, p. 275.

[44] O original usa o termo *purple haze*, que é também o título de uma das faixas do disco *Are You Experienced*, de Jimi Hendrix. [N.T.]

ra guitarristas como Jeff Beck e Jimmy Page, ele trabalhava para o Almirantado britânico pesquisando acústica. Ou seja, sua intimidade com o conjunto de circuitos sonoros corria paralela a seu trabalho com artefatos submarinos de guerra. Essa não é uma informação aleatória, isso mostra como as tecnologias que criam a cultura moderna estão interligadas com as tecnologias que criam a guerra. O historiador de mídia alemão Friedrich Kittler também chamou atenção para as conexões entre o radar e a televisão, bem como para os efeitos intensificados que a Primeira Guerra Mundial teve na evolução da tecnologia de válvulas eletrônicas sem fio. Também vale mencionar o desenvolvimento e o uso da fita magnética pela Alemanha nazista. Nas palavras de Kittler: "A indústria do entretenimento é, em qualquer sentido concebível da palavra, uma exploração do equipamento militar."[45]

Tanto no som quanto na imagem, o Led Zeppelin extraiu força da afinidade entre a tecnologia de mídia e de guerra. Em *Led Zeppelin II*, de 1969, por exemplo, em cuja capa a banda aparece vestido uniformes da divisão Jasta da Força Aérea alemã, os rapazes revelaram o cock rock[46] apocalíptico de "Whole Lotta Love". O riff principal agressivo é respondido por um acorde descendente de guitarra que se movimenta entre os canais de estéreo como um V2 viajando pelo céu, enquanto o urgente riff intensifica uma chamada de blues

---

[45] Friedrich A. Kittler, *Gramophone, Film, Typewriter*. Disponível em: http://www.stanford.edu/class/history34q/readings/Kittler/GramFilmTypewriter/Kittler_Gramophone.html#fn0. Acessado em setembro de 2004.

[46] Cock rock é um estilo de rock que emergiu nos anos 1980, conhecido por baladas bregas com letras que falam, em geral, de mulheres ou de abuso de substâncias químicas, enfatizando a sexualidade masculina. [N.E.]

com violência, o que levou Charles Shaar Murray a apelidar a canção de "estupro coletivo termonuclear". Parece bastante exagerado, mas ainda não se pode duvidar da afirmação de Stephen Davis de que a faixa era uma das favoritas dos soldados no Vietnã, que prendiam toca-fitas aos tanques e tocavam a música enquanto se encaminhavam para o combate. Mas o impulso masculino do riff também é interrompido por uma frase psicodélica improvisada na qual Page e o engenheiro Eddie Kramer se entregam aos efeitos, girando botões como os produtores de Kingston que estavam inventando a música dub por volta da mesma época, ou como George Clinton nos bastidores do primeiro álbum do Funkadelic. Aqui, Page revela o uso do teremim, um dos instrumentos eletrônicos mais antigos e esquisitos do mundo, enquanto os vocais de Plant são tratados com uma inebriante técnica de "eco reverso" que Page tinha inventado anteriormente em uma sessão de gravação dos Yardbirds. A transcendência psicodélica resultante extasia, tanto de prazer quanto de dor, enquanto os gemidos orgásticos de Plant competem com sirenes, explosões abafadas e a desorientação da batalha. Alguns críticos afirmaram que esse surto enfraquece sutilmente a prerrogativa masculina do riff principal, mas a eletricidade analógica também passa a mensagem por trás das fantasias mais utópicas da época sobre o som amplificado: que suas novidades e seus prazeres são obtidos em parte pela máquina de guerra; que não existe sexo sem poder; que não há transcendência sem morte.

O sentimento apocalíptico latente de "Whole Lotta Love" prenunciou um desconforto crescente entre alguns jornalistas de rock que achavam que o "rock pesado", com sua exploração da força e do volume, estava depreciando o potencial cultural transformador do gênero. Essas preocupações também estavam atreladas aos medos da característica comercial explosiva do rock. Para essas pessoas, a bravura técnica de Page era só mais um motivo para odiar a banda. Afirmando que ouvir Page ao vivo era "tão satisfatório quanto assistir ao sinal de imagem da televisão", um crítico de rock do periódico *Montreal Star* comparou o guitarrista a um vendedor de enciclopédia demonstrando a gama de sons e truques que se pode tirar de uma guitarra. Essa mesma figura também condenou o que acreditava ser um "significado falso" que os fãs atribuíam à música do Led Zeppelin por causa do volume; para ele, o evidente controle que a banda tinha sobre as massas não era nada musical, na verdade, e sim um efeito da tecnologia bruta.

Outros críticos explicitamente associaram a força, o peso e o incrível volume do som do Led Zeppelin à violência. Afinal, o lendário show de 1969 no Boston Tea Party tinha terminado com hordas de garotos literalmente batendo a cabeça contra o palco. No mesmo ano, Jon Landau lamentava; descreveu o comportamento ao vivo da banda como "barulhento, impessoal, exibicionista, violento e muitas vezes insano".[47] Talvez o comentário mais incisivo nesse sentido tenha vindo do jornalista britânico Mick Gold: "O que mais transparece em sua música ao vivo é uma sensação de violentas emoções internalizadas." Gold quis fazer uma crítica ofensiva, um contraste mórbido com os Stones e o The Faces, que ele descreve como bandas que ofereciam espontaneidade e alegria em seus shows. Gold diz que o Led Zeppelin faz música para o corpo, mas não oferece o clímax: "Como não tem balanço, não faz a plateia dançar; ela

---

[47] Led Zeppelin: In-Frequently Murmured Trivia List. Disponível em: http://www.iem.ac.ru/zeppelin/docs/IFMTL-3.html. Acessado em 2004.

é feita para a cabeça, não para os pés, e seu efeito geral é de estupefação."[48]

A transformação do Led Zeppelin de forças agressivas em efeitos mentais, sem falar na sua resistência ao clímax, reflete uma magia tântrica voluntariosa; a submissão a essa jornada interior sublimada pode, de fato, parecer estupefação para aqueles que só queiram dançar com suas meninas. Mas dá para entender o que Gold quer dizer: o Led Zeppelin chocava a plateia. "Eles são como um vibrador", escreveu Charles Shaar Murray sobre o show de Earls Court de 1975. "Pode te tirar de algo ridículo, mas não pode te dar um beijo de boa-noite". Na feroz "Immigrant Song", que abre seu terceiro álbum e abriu muitos shows, a banda tematizava seu poder e sua aspiração como uma espécie de violência viking. A terra do gelo e da neve não é a terra da espontaneidade e da alegria, mas de poderosas energias telúricas e da visão sombria do sol da meia-noite. Ao mesmo tempo, o autoelogio pagão de Plant também acena na direção da tecnologia moderna que torna o devastador "exército da guitarra" do Led Zeppelin possível. Mjölnir, o "martelo dos deuses" que guia seus navios, é a forma como Thor cria raios — *eletricidade*, em outras palavras; a "força" literal que guiaria o Led Zeppelin por toda a Costa Oeste, isto é, para os Estados Unidos, e até mesmo para os hotéis da Califórnia.

A vida mítica da eletricidade evoca outra curiosidade sobre o comentário de Page a respeito de seu exército de guitarras; ele o descreve como "despertar". Esse despertar depende do fluxo de elétrons — outros relatos da estranha fanfarra de abertura do álbum sugerem que estamos apenas ouvindo os ampli-

---

[48] Stephen Davis, *Hammer of the Gods*. Nova York: Ballantine, 1985, p. 252.

ficadores aquecendo. Em todo caso, a analogia é adequada: a eletricidade dá vida e encanta a música, não só acrescentando volume e dimensão, mas também dando ao som outra ordem de presença — em outras palavras, *uma vida própria*. No caso da guitarra, essa vivacidade está enraizada na intensificação dos harmônicos que caracterizam a distorção, bem como os loops excessivos que produzem o feedback. Como Page disse, a guitarra "pode começar a soar por conta própria através de uma eletricidade que não é possível criar em um violão". Uma declaração ainda mais definitiva sobre esse aspecto eletrônico aparece em um release da Swan Song de 1977: "[O Led Zeppelin] foi o primeiro grupo a pegar o volume alto e a distorção, torná-los uma entidade criativa distinta e inseri-la diretamente na essência emocional de cada canção." Deixando a fanfarronice dessa afirmação de lado (alguém mais pensou em Hendrix ou Blue Cheer?), a palavra-chave aqui é *entidade*. A implicação é que o Led Zeppelin transformou os efeitos elétricos em uma força autônoma vital, uma entidade distinta que cedeu suas energias aos valores mais tradicionais da canção.

São metáforas, é claro, mas metáforas pagãs. Dentro do círculo mágico do ocultismo, metáforas como essa ganham vida própria; não são só enfeites na poesia, mas formas de experiência. Talvez a principal experiência que ganha forma pelas metáforas animistas seja a da *energia*. A exploração contracultural da energia elétrica nos anos 1960 — através da música, do rádio, do feedback, do megafone e do filme — amparou o retorno do animismo como uma metáfora cultural viável. Era isso que William Burroughs queria dizer em seu estranho artigo de 1975 para a revista *Crawdaddy* sobre o Led Zeppelin, quando escreveu que "o rock pode ser visto como uma tentativa de fugir desse universo morto e sem alma e reafirmar o universo da magia".[49] Dados os estudos de ocultismo de Jimmy Page e o amor de Robert Plant pela tradição pagã, não é uma surpresa que um grau de animismo entre em sua retórica eletrônica, seja ela musical ou não. Mas o discurso animista de Page também implica um elemento de *controle* que, como veremos, influencia sua pirotecnia instrumental, bem como sua mística ocultista. "Despertar!", ele diz, como um comandante de energias potencialmente caóticas. Page pode chamar essas energias de exército de guitarras, mas um estudante de magia cerimonial como ele também reconhece esses poderes como *servos*: espíritos terrenos ou infernais que o mago invoca para trabalharem para ele. Pactos satânicos são uma bobagem — Page encontrou seus aliados em máquinas de som elétricas.[50]

Howling More

Em meados dos anos 1970, Jimmy Page pegou uma parte de sua fortuna e financiou a abertura de uma livraria de ocultismo em Londres chamada Equinox. A Equinox era uma pequena loja perto da Kensington High Street, especializada em material

---

[49] William Burroughs, "Led Zeppelin Meets Naked Lunch", in: *Very Seventies*, op. cit., p. 125.

[50] Sob essa perspectiva, talvez não seja acidente que a primeira faixa que o Led Zeppelin tocou tenha sido "Train Kept a Rolling". Por causa de um amplificador danificado, a canção de 1956 de Johnny Burnette foi possivelmente o primeiro rock a trazer distorção.

relacionado a Aleister Crowley que Page já colecionava há anos. Essas coisas eram difíceis de encontrar naquela época, mas a Equinox vendia muitos volumes raros, incluindo alguns autografados pelo próprio mestre. A livraria também vendia uma primeira edição original completa com os dez volumes de *The Equinox*, de Crowley, cujo objetivo declarado era "sintetizar o propósito da religião e o método da ciência". O empreendimento de Page também tinha sido criado para republicar os fac-símiles de obras importantes sobre ocultismo, incluindo algumas escritas por — preparem-se para o choque — Aleister Crowley.

Naquele ponto de sua vida, no entanto, podia-se dizer que os projetos paralelos de ocultismo de Jimmy Page careciam de uma certa diligência. Como já foi mencionado, fazia anos que Page estava trabalhando na trilha sonora do filme thelemita de Kenneth Anger, *Lucifer Rising*. Page conheceu o diretor underground da Califórnia quando o superou no leilão de um manuscrito pornográfico de Crowley na Sotheby's.[51] Os dois se deram bem, e o filme cheio de simbolismo de Anger deu a Page uma plataforma perfeita para explorar o intenso transe eletrônico musical a que seu trabalho mais comercial aludia. Mas Page não deu conta de tudo e, apesar de ter um dos roqueiros mais famosos do mundo trabalhando para ele de graça, o diretor acabou perdendo a paciência com os esforços medíocres de Page e delegou a trilha sonora para o membro encarcerado da família Mason, Bobby Beausoleil.[52]

---

[51] Sotheby's é uma sociedade de vendas por leilão com diversas filiais internacionais. Sua sede principal fica em Londres. [N.E.]

[52] Os rabiscos mórbidos de Page, que às vezes são pirateados, acabaram sendo metamorfoseados na ventania sonora que abre "In the Evening".

Da mesma forma, quando a Equinox fechou as portas em 1979, tinha conseguido publicar apenas dois livros. O primeiro, que saiu em 1976 com a encadernação de couro de camelo preto preferida de Crowley, se chamava *O livro da Goetia do rei Salomão*. A obra era o fac-símile de um texto mágico do século XVI editado e publicado em inglês por Crowley em 1904, o mesmo ano em que o mestre publicou a revelação thelemita em *O livro da lei*. O *Goetia* é a primeira parte de *Lemegeton*, ou *A chave menor de Salomão*, um dos grimórios mágicos mais famosos. Na elaborada folha de rosto do *Goetia*, Crowley atribui a tradução do livro a uma "mão morta"; o tradutor na verdade era o ainda vivo MacGregor Mathers, cofundador da Golden Dawn, da qual Crowley tinha se afastado. Essa aparente enganação era apropriada, pois embora existam muitas obras nobres e exaltadas nos cânones da magia, o *Goetia* não é uma delas. Seus sigils e conjurações foram feitos para dar ao mago o controle bruto sobre um exército de muitos milhões de demônios organizados em legiões lideradas por 72 reis e príncipes do Inferno. *Goetia*, vale dizer, significa "uivar" em grego.

A decisão de Jimmy Page de começar sua carreira editorial com os organogramas do exército de guitarras do próprio Lúcifer deve eliminar quaisquer dúvidas remanescentes sobre de que lado o guitarrista estava. Friend dá muita importância a esse livro diabólico em *Fallen Angel*, e é especialmente atraído pelo espírito de Paimon. Um grande rei com uma voz estrondosa, Paimon está cercado de músicos — Friend até ouve um eco de "The Song Remains the Same" na promessa do *Goetia* de que esse demônio pode ensinar "qualquer... coisa que desejares saber". É bastante bobo, e teria feito bem a Friend ler o ensaio de Crowley que acompanha o texto, no qual, usando o ceticismo que ele favorecia naquele estágio de sua carreira, a

Besta escreve que os demônios de Goetia são apenas "partes do cérebro humano". Mas Friend se aproxima muito mais da resposta certa quando cita a "Definição Preliminar de Magia" que abre o grimório. De acordo com esse breve comentário, a magia é a mais alta forma de filosofia natural, e suas operações são guiadas pela compreensão do mago da natureza interior ou "oculta" das coisas. Ao aplicar essa compreensão com habilidade, pode-se produzir "efeitos estranhos e admiráveis... que aos vulgares podem parecer milagres".[53]

Assim, o mágico é um técnico em efeitos especiais, o que parece ser um bom pressuposto para se pensar como as predileções ocultistas de Page podem ter influenciado a música do Led Zeppelin. Em especial, podemos falar sobre o som, que não só ruge e urra, mas também mergulha nas profundezas — literalmente. Tanto ao vivo quanto em disco, o som do Led Zeppelin era *pesado*, uma trituração ctônica[54] originada em riffs altos e distorcidos e no poder combinado de John Paul Jones e John Bonham, que partiam para um registro mais grave como se dominassem o espaço. É possível oferecer argumentos transculturais sobre os estados psíquicos sombrios catalisados por batidas profundas e por um som pesado; em seu artigo para a *Crawdaddy*, Burroughs menciona a música de transe de Jajouka, no Marrocos, cujos rituais giram em torno de Pã, o deus-cabra. Mas é preciso abrir os seus ouvidos para ouvir o Led Zeppelin brincando com o que Johnny Cash chamou de "a fera em mim" — algo em ebulição, básico e mais do que um

---

[53] *The Book of the Goetia*, Aleister Crowley (org.). Londres: The Equinox, 1976, p. 6.
[54] Na mitologia, o termo ctônico se refere aos deuses e espíritos do mundo subterrâneo. [N.E.]

pouco grosseiro. Como Page notou, a banda fazia "música vinda do estômago, em vez da cabeça". Isso fica visível na maneira como ele segurava sua guitarra no palco — gostava de deixá-la o mais baixo possível.

É uma medida de controle do Led Zeppelin que seu "crunge" barato e com um quê de folk — combinado com os castelos e espectros do anel que pairavam nas letras de Robert Plant — demarcasse o território no qual todo um gênero do rock iria se desenvolver. A linguagem alquímica é inevitável: o Led Zeppelin pegou os riffs pesados do heavy rock e os transmutou para o heavy metal, um termo que eles, contudo, rejeitavam, de maneira bastante razoável. Em todo caso, a mitologia de seus riffs lançou mil navios negros ao mar. É como se a banda tivesse criado um portal sonoro para o abismo e depois quebrado a regra fundamental da magia cerimonial, deixando-o aberto. *Quem deixou os cachorros do inferno saírem?*

Para ser justo, é preciso dizer que muitos amantes do rock apontam o Black Sabbath, e não o Led Zeppelin, como a verdadeira fonte do heavy metal. Afinal, o Sabbath tem uma força misteriosa incomparável e de muitas formas representa uma fonte mais pura de perdição: os riffs mais consistentemente mórbidos, a postura mais proletária e o jeito de se apresentar que vinha com tudo, do nada, e era mais monstruoso, mais contrário à natureza. Mas o Led Zeppelin tinha uma paleta mais ampla, uma escuridão com mais tons de negro, e, talvez o mais importante, eles venderam muito mais discos. Como todas as histórias sobre origens, essa depende do referencial, da própria linhagem e do gosto de cada um. É algo bem parecido com a questão de quem deve responder pelo gênero da fantasia heroica, cujas sagas de múltiplos volumes de lordes-anões e espadas mágicas continuam a entupir a seção de ficção científica das livrarias. Fãs de espada e feitiçaria hardcore vão, com razão, citar as peregrinações de *Conan*, de Robert E. Howard, enquanto os tipos mais literários vão apontar, com tanta razão quanto, *O Senhor dos Anéis*, de Tolkien. O Black Sabbath é *Conan*; o Led Zeppelin, *O Senhor dos Anéis*.

Mas o Led Zeppelin é um tipo especial de *O Senhor dos Anéis*, no qual você pode torcer pelos dois lados. Seja qual for a sua base biográfica, o aparente diabolismo de Jimmy Page é equilibrado pelo paganismo hippie e bucólico concentrado nas letras, na persona e no cabelo de Robert Plant. O Led Zeppelin extrai muito de seu poder mítico dessa ambiguidade sedutora, ainda que perturbadora. A quem o Zeppelin jura lealdade? Ao demônio ou ao Sol? A Mordor ou à Terra Média? A Terra das Fadas é só um parque de diversões temático do inferno? A polaridade entre Page e Plant se reflete até nos nomes. A planta [*plant*] é o gozo puro e verde da terra, ao passo que a página [*page*] é o trabalho do homem, um vazio estrutural sobre o qual depositamos nossos planos e nossos feitiços.

Uma polaridade semelhante permeia a persona de Page, e ajuda a explicar a aura de magia que caracteriza sua mística. Susan Fast cita uma pesquisa com fãs sobre o guitarrista: "Ele é o Sábio. Ele sabe como se arriscar e fazer as coisas funcionarem. Ele é o produtor e o grande arquiteto das coisas."[55] Superficialmente, as apresentações ao vivo de Jimmy Page apresentam os valores clássicos do rock de espontaneidade, virtuosismo e entrega regados a suor. Mas Page acrescenta um elemento novo para a figura do *guitar hero*, um elemento que Steve Waksman identificou como *mistério*. Então mesmo

---

[55] Susan Fast, *In the Houses of the Holy*. Nova York: Oxford University Press, 2001, p. 182.

quando Page exibe seu rock hipermasculinizado diante de dezenas de milhares de fãs, o desenho do Zoso gravado em suas roupas e em seu amplificador nos faz lembrar que ele sabe alguma coisa que nós não sabemos. Existe uma lacuna entre o herói cuja performance desfrutamos e o sábio por trás da cortina, que se mantém escondido, literalmente oculto. Essa mística torna Page muito mais assustador que Ozzy, que não esconde nada, com exceção, talvez, do que deve a *The Munsters*. Apesar de ter origem no estilo pessoal reservado e nos interesses esotéricos de Page, a mística do guitarrista também se reflete estruturalmente em sua prática musical. Sua virtuosidade ao vivo era fermentada por seu notável desleixo, sempre tendo ideias e descartando-as com um ar de descuido e até mesmo de distração. No calor da performance, muitas vezes parecia que parte dele estava em outro lugar, um lugar de sabedoria ou, possivelmente, de confusão. Mesmo assim, esse desleixo sugeria que ele havia dominado até mesmo o acaso e conseguia "fazer a coisa funcionar". Esse elemento de domínio oculto é essencial, porque nos bastidores Page era um arquiteto do controle: um produtor envolvido, às vezes um comandante no estúdio, e um investidor mão-fechada que, junto com Peter Grant, ajudou a tirar um controle artístico e financeiro inédito de sua gravadora.[56] Esse ar de artimanha sustenta sua mística. No palco, ele às vezes conduzia os outros membros da banda como um regente, uma atuação que, como Jones insistia, era em grande parte uma questão de aparências.

---

[56] Talvez valha a pena mencionar que o primeiro emprego de Page foi o de assistente de laboratório, e que, depois de tocar guitarra no *Huw Wheldon Show*, no fim dos anos 1950, ele contou para a plateia que, quando era criança, queria ser um biotecnólogo e trabalhar com germes.

As almas perturbadas pelo poder do Led Zeppelin pareciam mais ameaçadas por essa qualidade de controle oculto. Para Tom Friend, o feitiço do Led Zeppelin se concentra na tecnologia do oculto. No capítulo "Misty Mountain Hop: Satan Takes Possession of Jimmy Page", o autor gasta uma quantidade incrível de prosa no arco de violino e no Echoplex. O capítulo seguinte é totalmente dedicado ao teremim. Em defesa de Friend, é preciso dizer que Page gostava de brincar de o grande e terrível Oz. No palco, ele extraía toda a feitiçaria dramática que conseguia do teremim; muitas vezes usava seu arco de violino como uma varinha mágica de feiticeiro, às vezes até parecendo invocar "os quatro elementos". Para jornalistas, Page fazia comentários enigmáticos sobre o poder hipnótico dos riffs; em *Sounds*, ele discutiu a "ciência da vibração", usando o clichê paranoico de que certas frequências de infrassom podem liquefazer seus órgãos ou até matar você. É claro que a banda negou enfaticamente o que Friend e outros descrevem como a grande arma secreta de diabolismo do Led Zeppelin: as mensagens satânicas que "apareciam quando a música era tocada de trás pra frente" incluídas em "Stairway to Heaven".

Vamos lidar com esses hinos distorcidos de "My Sweet Satan" em um capítulo mais à frente. O que é importante notar aqui é que essas acusações de controle oculto refletem críticas seculares à banda e sua manipulação "fascista" da consciência através da mídia. Quando um repórter da *Montreal Star* atacou o Led Zeppelin por criar "sentidos falsos" através do volume, ele não estava criticando a banda por tocar músicas ruins, mas por usar a tecnologia para tirar vantagem dos ouvintes. Aliás, com exceção de Susan Fast e Donna Gaines, críticos tendem a caracterizar os grandes fãs do Led Zeppelin como trouxas, como zumbis adolescentes com pouca vontade ou gosto próprios. Às vezes, as drogas também levam a culpa. É sabido que a *Rolling*

Stone desprezou os seguidores do Led Zeppelin como "viciados em drogas pesadas", e que o *Los Angeles Times* chegou a ponto de atribuir o sucesso da banda ao fato de os adolescentes estarem usando barbitúricos e anfetaminas, drogas que supostamente tornavam o sistema nervoso mais suscetível aos truques sujos da banda.

Ao mesmo tempo, seria idiotice menosprezar as questões de sedução e transe que emergiam das apresentações ao vivo e dos discos do Led Zeppelin. Esses temas são assuntos espinhosos para a crítica, porque tocam em questões fundamentais sobre autonomia, sobre quem somos quando nos entregamos à música. A dissolução de limites que a maioria de nós já experimentou também afeta o discurso, desfazendo categorias estéticas e transformando-as em intuições sagradas e flashbacks febris de exotismo tribal. É difícil explicar, em termos antropológicos, como o fenômeno da possessão ocorre na dança sagrada tradicional, digamos, no vodu haitiano — que mistura de narrativas culturais, ciência do ritmo e psicodinâmica beneficia os deuses? É então bem mais difícil falar sobre o encantamento do rock dentro da estrutura quebrada da modernidade secular. Os fundamentalistas cristãos não só aceitam a realidade da hipnose musical, como também sugerem que ela é uma função *automática* de uma tecnologia ou técnica específica — sejam mensagens subliminares, o volume ou as "batidas druidas" condenadas por Jack Chick em um de seus famosos tratados sobre quadrinhos. E, no entanto, essa paranoia aponta para algo que todos desejamos no caminho para a transcendência: a entrega do controle, ou melhor, a submissão a uma ausência de escolha que pode parecer tanto deliciosa quanto levemente nefasta. Até os fundamentalistas anseiam por esse êxtase, em sua jornada até o "meio do ar".

A ideia de que uma arma sônica mágica está por trás do poder evidente do Led Zeppelin não é só uma afronta à complexidade da música; é uma afronta à magia. O mago é mais que um charlatão; como o historiador da religião Mircae Eliade escreveu, o mágico é, por definição, "um diretor de palco". Ele não apenas balança um pêndulo dourado diante de você; ele molda o cenário ao redor desse pêndulo, um palco grande e sugestivo o bastante para *atrair* você. Jimmy Page sabia que nem todos os Marshalls empilhados e pedais de efeito do mundo serviriam para nada se o Led Zeppelin não extraísse drama e uma atmosfera a partir das energias agressivas e excitantes que criavam. O que nos leva de volta, de um jeito caótico, à *mise-en-scène*.

It's to a Castle I Will Take You

Enquanto consumia o tempo que lhe foi concedido, Aleister Crowley criou uma série de definições de magia, e a maioria delas enfatizava a vontade. Por "vontade", Crowley queria dizer muitas coisas, tanto fálicas quanto místicas, mas a ideia básica está de acordo com a imagem convencional do mágico como um "operador", um manipulador ativo de agentes sobrenaturais ou técnicas sorrateiras de percepção.

Ele também oferece uma definição mais passiva e receptiva da arte mágica em "Notes for an Astral Atlas", que acompanham *Magick in Theory and Practice*. "A magia", ele escreve, "nos permite captar impressões sensíveis de mundos além do universo "físico".[57] Segundo essa visão, a magia não intensifica a vontade

---

[57] Disponível em: http://www.hermetic.com/crowley/aba/app3.html. Acessado em outubro de 2004.

tanto quanto abre a experiência criativa, desencadeando sensações incorpóreas e imagens que têm vida própria. Se você substituir "magia" por "música" na afirmação de Crowley, vai entender para onde estamos indo. *A música nos permite captar impressões sensíveis de mundos além do universo "físico".* Mesmo quando estamos dançando, imersos no som, a música está sempre pronta para nos separar do corpo, para fazer o espírito vagar por mundos formados por nada além de ondas de energia vibrando.

Os discos do Led Zeppelin incorporam esse poder virtual no sentido estrito de que eles *acontecem em algum lugar*, de que eles atraem você para outro mundo, para o alto de colinas e para bem longe. O espaço é a principal metáfora para entender e vivenciar a música da banda. Como Ann Powers aponta: "É por isso que as pessoas os odeiam: eles ocupam muito espaço. E é por isso que as pessoas os amam: esse espaço podia engolir você, absorver você."[58] Muitas músicas feitas para a mente no fim dos anos 1960 e 1970 tinham tais aspirações; a retórica da transcendência estava de acordo com a cultura das drogas tanto quanto com a descoberta de que o estúdio com gravações multipistas era um ótimo lugar para construir pequenos mundos. Mas enquanto muitas bandas introvertidamente psicodélicas sugeriam as intensas distorções e a fantasmagoria da viagem das drogas, a *mise-en-scène* do Led Zeppelin era mais como a ideia de Crowley de um atlas astral: um panorama quase literário de imagens e personagens. Eles poliram o rock e o transformaram em uma bola de cristal: dava para ver as dunas brilhantes de "Kashmir", a neve de "No Quarter" e as hordas vikings quando

---

[58] Steve Waksman, *Instruments of Desire*. Cambridge, MA: Harvard University Press, 1999, p. 267.

o riff estrondoso de "Immigrant Song" surgia. "O objetivo era a sinestesia", disse Page. "Criar imagens com som."[59]

O desejo de criar imagens com som é coerente com as profundas inclinações românticas do Led Zeppelin. Depois da revolução sinfônica de Beethoven, muitos compositores do século XIX exploraram a "música programática", ligando de maneira consciente narrativa e eventos imagéticos a temas e criações musicais. Não surpreende que essas sinfonias muitas vezes tendam ao dramático: muitas camadas de som, contrastes dinâmicos e súbitos, explosões de energia expressivas e violentas. Compositores como Berlioz, Liszt e Richard Strauss sabiam que *Sturm und Drang*[60] criam imagens especialmente vivas na mente; a *Symphonie Fantastique* de Berlioz, com seus sonhos movidos a ópio e o sabá das bruxas, é "visionário" em muito mais do que apenas um sentido do termo. Ainda que o Led Zeppelin tivesse muito menos fetiche por música clássica do que outros artistas de heavy metal, a banda também estabelecia sua rica dramaticidade baseada no que Page chamou de "dinâmica interna". Essa dinâmica deriva de uma variedade de contrastes usada pela banda — folclore élfico e blues, ataques ferozes e riffs suaves, sacralidade e vulgaridade, efeitos tecnológicos e romance bucólico. Essas polaridades, muitas vezes orquestradas magistralmente por John Paul Jones, se unem e colidem ao longo de um álbum, ou mesmo de uma faixa, esculpindo uma paisagem que o teórico de mídia eletrônica Marshall McLuhan chamaria de "espaço acústico".

---

[59] Jim DeRogatis, *Turn on Your Mind: Four Decades of Great Psychedelic Rock*. Milwaukee, WI: Hal Leonard, 2003, p. 390.

[60] *Sturm und Drang* [tempestade e ímpeto], foi um movimento literário romântico alemão que ocorreu entre 1760 e 1780. [N.E.]

Considere o final primoroso de "Thank You", que encerra o lado A de *Led Zeppelin II*. Por volta de 3'30" da música, enquanto Plant e sua amante "percorrem a distância" [walk the miles], ouvimos os lamentos delicados do teclado de Jones, inspirados no órgão de igreja que ele tocava na juventude, gradualmente sumirem na distância. Mas o que significa dizer que os sons de Jones estavam "sumindo na distância"? Ainda que os fade-outs tragam à mente a experiência física de um som se afastando do corpo, eles são tão comuns na música gravada que é raro pensarmos neles como um distanciamento. De início, "Thank You" segue normalmente: as batidas sagradas de Jones simplesmente vão desaparecendo, junto com o ré de Page ressoando como um sino. Nesse ponto, os ouvintes de primeira viagem estão prontos para a próxima faixa. Mas então, inesperadamente, os instrumentos voltam, e o volume aumenta até eles se organizarem em uma unidade prolongada e sutilmente triunfante. E esse leve retorno traz uma sensação infinita de espaço, de ir e vir, um lugar ao mesmo tempo de saída e de chegada, como o mar. É um dos momentos mais sublimes e sutis do Led Zeppelin.

Os álbuns da banda não apenas conduzem o ouvinte por colinas e vales em cada faixa, mas também o leva pelas passagens entre as músicas. Os discos do Led Zeppelin são "álbuns", lembre-se, organizados de maneira tão consciente quanto qualquer disco que não tenha sido condenado à categoria enervante de "álbum conceitual". Pense em como "Your Time Is Gonna Come" se transforma em "Black Mountain Side" no primeiro disco; apesar de uma justaposição dissonante, especialmente em termos rítmicos, ela dá outro "tempero" à receita da fantasia acústica de Page, com seus sabores indianos e celtas, e prepara nosso palato, através do contraste, para o instante de silêncio que antecede o riff clássico de "Communication Breakdown". Essas justaposições tão poderosas, que também ocorrem em canções como "Bring It On Home", "Ramble On" e "What Is and What Should Never Be", não só criam uma dinâmica, mas também tornam a metáfora da jornada inevitável. Ouvir os álbuns da banda é como fazer uma viagem por paisagens que se transformam; com o clássico vinil, é uma viagem só de ida em espiral. Quando Robert Plant grita sobre a maldita ponte em "The Crunge", de *Houses of the Holy*, ele não está só pedindo para sair da viagem, mas para ir para o outro lado... do LP.

A rica noção de espaço acústico que permeia os discos do Led Zeppelin vem não só da dinâmica interna da música, mas do grande feitiço técnico de Jimmy Page: sua engenharia de ambientação. Como Robert Palmer apontou em um ensaio fundamental de 1990 sobre a banda, Page era "extremamente consciente da construção e da manutenção da qualidade atmosférica de uma canção desde o início". Inspirado pelos primeiros álbuns de Sun and Chess, Page usava o eco e a reverberação para suavizar a separação entre os instrumentos; essas técnicas também acrescentavam profundidade e densidade às faixas, uma vez que tanto o eco quanto a reverberação têm origem na nossa experiência física de som-no-espaço, da altura do volume. Mas a ambientação faz mais do que dar forma a um universo sonoro; ela também transporta o ouvinte. Zak compara a ambientação ao espelho no filme *Orphée,* de Jean Cocteau: "Ele atrai o ouvinte para um mundo aural cujas forma, dimensões, luz e perspectiva ele ajuda a definir."[61] A ambientação nos

---

[61] Steve Waksman, *Instruments of Desire*. Cambridge, MA: Harvard University Press, 1999, p. 267.

faz acreditar que a gravação acontece em outro lugar, em uma espécie de mundo espiritual, "o verdadeiro mundo da voz desincorporada".

Assim como a palavra "atmosfera" pode se referir tanto ao ar atmosférico quanto ao clima de um lugar, a arte da ambientação de Page também vai além de transformar o espaço acústico no universo emocional. Seguindo para uma noção mais "eletrônica" de ambientação, Page criou um clima atmosférico através da exploração do timbre; ao dispor várias camadas e texturas e gravar suas guitarras em diversos canais, ele criou o que chamo de "colagens e tessituras de som com intensidade emocional". Page trouxe uma sensibilidade semelhante para os quartos de hotel que ele decorava durante as turnês — tentando recriar o estilo exótico de suas casas, o guitarrista colocava tapetes persas empilhados e depois banhava as estampas sobrepostas em luz de vela.

Ele também desenvolvia a ambientação através do que chamava de "a ciência do posicionamento do microfone". Quando Page estava se matando de trabalhar no estúdio, os engenheiros com quem trabalhava muitas vezes posicionavam um único microfone em frente ao amplificador do instrumento. Mas Page, mais uma vez inspirado pelos discos de rock pioneiros, aumentou esse arranjo colocando microfones adicionais a três ou seis metros de distância; depois, Page gravava e contrabalançava a diferença entre eles, capturando a defasagem de tempo que refletia a forma acústica da própria sala. "A distância cria profundidade", ele dizia, acenando para os engenheiros da velha guarda. "A ideia toda, a maneira como eu vejo a gravação, é tentar captar o som da sala ao vivo e a emoção daquele momento inteiro." Como produtor, Page tinha um desejo romântico, quase animista, de absorver o ambiente onde os sons eram produzidos pelos músicos, por seus corpos. Como Zak escreveu, "o mestre da gravação usa microfones para captar não só os elementos sonoros e musicais, mas também o peso da presença física aparente". Esse "*Physical Graffiti*" também apareceu em algumas faixas da banda como descuidos extrínsecos e documentais. Pense no avião que decola antes de a banda começar "Black Country Woman", gravada no gramado da propriedade de Mick Jagger em Stargroves. Ou pense no exército de guitarras que rugem antes do começo de "Black Dog".

E em de que tipo de espaço acústico o latido eletrônico de "Black Dog" soa? Que fantasma, vindo de onde, encena a sinfonia de riffs de ⚙️🔱🔯①?

A maior parte do quarto álbum do Led Zeppelin foi ensaiada e parcialmente gravada em Headley Grange — três andares de melancolia feitos de pedras no meio do nada, ou pelo menos a versão de East Hampshire de "no meio do nada". Construída em 1795, Headley Grange foi projetada para abrigar os pobres e enfermos, e saqueada por operários descontentes em 1830. O lugar se tornou uma propriedade privada em 1870, e um século depois, bandas de rock como Fleetwood Mac, Genesis e The Pretty Things começaram a alugar a propriedade, atraídas pelo isolamento do lugar e por sua acústica única. Quando o Led Zeppelin chegou em dezembro de 1970, com Ian Stewart e o Rolling Stone Mobile Studio a tiracolo, a banda achou o lugar frio, úmido e decadente. Eles tinham queimado alguns balaústres na visita anterior, então resolveram continuar fazendo isso, mas só ajudou até certo ponto. Plant e Bonham não gostaram de lá, e diz-se que o engenheiro Andy Johns achava que o lugar era mal-assombrado. Page, que se instalou sob o telhado no último andar, gostou: "Era um lugar bastante austero, mas eu amava a atmosfera."[62]

Para captar um pouco dessa atmosfera, Page e Johns invadiram cada canto e buraco do Grange com seus microfones e amplificadores. "Colocamos amplificadores nos banheiros, microfones pendurados nas chaminés...", John Paul Jones contaria a Palmer depois. "Muitas vezes o som insinuava uma música, e fazíamos a composição e o arranjo com aquilo em mente." O exemplo que Jones cita é também o momento mais celebrado de domínio do som ambiente pelo Led Zeppelin: a gravação da bateria monumental de John Bonham para "When the Levee Breaks". Para a sessão, Bonham colocou sua bateria nova na base de uma grande escadaria de pedra aberta conhecida pela família proprietária do Grange como "Minstrel's Gallery". Dois microfones estéreo de ambiente Beyer M160 foram colocados três e seis metros acima e perpassados por uma unidade de eco de guitarra. Existe um pouco de controvérsia sobre se foi Page ou John quem desenvolveu esse arranjo peculiar. De todo jeito, era uma heresia; microfones de ambiente nunca eram usados para gravar bateria, e a equipe não colocou um microfone nem no bumbo. Mas quando você está trabalhando com uma figura mítica como Bonham, às vezes a heresia era o único caminho. "When the Levee Breaks" começa com uma erupção vulcânica abrindo o fundo do mar. Como Andy Fyfe afirma, o que se ouve não é só a bateria, mas a bateria reagindo ao espaço acústico da sala. Mas se ouve algo mais estranho que isso: a sala respondendo à bateria. O próprio Grange desperta, exatamente como um exército de guitarras, e oferece seu fantasma ao círculo mágico dos rolos de fita.

---

[62] Chris Welch, *Dazed and Confused*. Nova York: Thunder's Mouth Press, 1998, p. 55.

III. Gotta Roll

"Black Dog"
"Rock and Roll"

O astro que desfila pelo palco se chama Robert Anthony Plant, o mais inquieto dos deuses do rock. Desde o começo do Led Zeppelin, Plant se portou como um andarilho, já perambulando em "Babe I'm Gonna Leave You", do primeiro álbum. Até o *Led Zeppelin III*, ele fazia invasões como um viking e vagava como um mendigo espiritualizado, "procurando o que conhecia" ["lookin' for what I knew"]. Mas ele não pisou no acelerador de fato até 🜋 🜊 🜍 🜌, quando suas perambulações se tornaram uma busca genuína, como em *A Odisseia*, *O Hobbit* ou *Bill & Ted: Uma aventura fantástica*. Toda canção tem movimento. Primeiro ele gira, depois caminha, em seguida faz as curvas da estrada; Plant vai para as Misty Mountains, para o fim do arco-íris, para a Califórnia, para Chicago. É claro que é uma grande jornada espiritual. Mas, como a maioria de nós, ele não sabe exatamente aonde está indo ou o que está procurando. Na maior parte do tempo as mulheres resolvem: uma mulher, uma outra mulher ou "A Mulher". Mas forças históricas e cósmicas maiores se avultam e interferem — a guerra, a lei e o caos da Terra. Ele experimenta o conhecimento, mas não aprende muito. E a coisa acaba mal.

É esta, em todo caso, a minha leitura do álbum: uma jornada única por uma paisagem em transformação ao luar, com sebes e montanhas tremulantes; um movimento impulsionado, no mínimo, pela ansiedade de Plant em se mover. Se o Led Zeppelin pretendia ou não que seu álbum contasse a história da busca incansável de um homem, não é a questão. Depois de ser tocada centenas de milhões de vezes em todo o mundo, essa sequência específica de gravações se fundiu em uma única história. Mesmo assim, precisamos estabelecer a distinção entre o personagem que faz a jornada e o hippie de Birmingham que a canta. Então vamos chamar esse personagem de ⚡ 🜂 ⊕ ① de "Percy", que era o apelido de Plant — um apelido bem apropriado. Primeiro, porque Percy lembra Parsifal, o cavaleiro errante do rei Artur que encontra o Santo Graal no começo de sua jornada mas é tolo demais para reconhecer a relíquia mística e segue viagem. E Percy é também uma gíria britânica para pênis. Então temos nosso herói: o falo e o idiota sagrados.

"Black Dog" reflete a motivação inicial da jornada de Percy, o que, como era de esperar, é uma obsessão sexual, expressada aqui através de um blues mutante. Para o Led Zeppelin, o blues é a língua da luxúria, não só porque sugere o frisson irresistível do sexo do negro, mas porque os heróis do blues como Robert Johnson, Elmore James e Howlin' Wolf apresentaram o desejo sexual como uma assombração, uma possessão. Todas as frequentes reclamações sobre o rock fálico e dominador do Led Zeppelin são motivadas pelo fato de que, em suas palavras e seus gritos, Plant não é um soberano erótico, e sim um escravo masoquista do desejo romântico — ele é, como a jornalista do *Village Voice*, Emily XYZ, disse: "Pussy-whipped" [escravizado pela xoxota]. O Percy, cujos gritos *a capella* abrem "Black Dog", teve sua alma devassada pela mulher desejada, uma figura suada, ardente e arrasadora, cujo mel corresponde ao néctar que jorra em "The Lemon Song". Diante dessa voluptuosa teofania, inicialmente Percy só consegue "observar", como um garoto com uma *Hustler*[63] e como tantos outros na internet. É por isso que o riff soa meio desajeitado e com um tempo estranho, em contraste com o movimento "fálico" de "Whole Lotta Love" ou de "Immigrant Song". É o som da luxúria frustrada tirando o vocalista dos eixos. Também é por isso que não existe nenhum pronome pessoal em todo o primeiro verso — Percy foi dominado a ponto da obliteração.

É claro que a presença feminina devastadora é um personagem clássico no imaginário sexista, e os versos seguintes da canção revelam essa feiticeira, talvez em uma paródia, como a megera do blues mais tradicional. Mas, aqui, estou interessado na dimensão espectral, e até "tântrica", do desejo de Percy. De todas as polaridades que movem a música do Led Zeppelin, a tensão entre sexo e espírito talvez seja a mais essencial — e a mais menosprezada. Sexo e magia são as duas cornucópias da mística da banda — o pênis e o diabo —, e, no entanto, a dimensão oculta das energias sexuais raramente entra nas discussões críticas sobre a política erótica do Led Zeppelin. Mas como Susan Fast aponta em sua discussão sobre os fãs da banda, o elo entre o sexo e o espírito tem uma importância vital para muitos de seus fãs ardorosos.

Se praticantes de BDSM forem uma fonte confiável, a submissão ritualizada a uma energia sexual agressiva e sombria pode provocar uma ausência de ego que — se você tiver a sorte e for um tipo cósmico — se transforma em êxtase es-

---

[63] Revista pornográfica americana voltada para o público masculino heterossexual. [N.E.]

piritual. Esse é um aspecto da deusa hindu Kali, pelo menos para os tantristas. Com suas presas, sua língua e seu corpo escuro e nu, Ma devora os afetos. Mas tal submissão também é aterrorizante, e, em "Black Dog", Percy recusa o cálice infernal fazendo o que os homens inquietos de sangue quente fazem quando o erotismo se torna difícil: ele foge. A primeira vez que ele diz "eu", no começo do segundo verso, é para dizer "eu preciso ir, não posso ficar parado" [*I gotta roll, can't stand still*]. Com esse clichê do blues, Percy se recupera deslocando seu objeto de desejo para uma ausência subjacente, ao reconhecer: "não consigo ter o suficiente" [*can't get my fill*]. Ele imagina uma mulher mais gentil e estável, uma mulher que vai segurar sua mão e que não vai mentir. Conforme 𝄞 ⚶ ⊕ ① avança, essa mulher vai se tornando mais idealizada e mais impossível, até se tornar totalmente sobrenatural, uma rainha de Luz, sem um rei, além do nascimento e da morte. E a incapacidade de Percy de conquistar ou abandonar seu ideal vai levá-lo à destruição.

O desejo, então, é espectral; é uma assombração. Os versos mais assustadores de "Black Dog" estão na crucial segunda estrofe: "Eyes that shine burnin' red" [olhos que brilham um vermelho flamejante], Percy geme. "Dreams of you all through my head" [sonhos com você por toda a minha cabeça]. A questão aqui é simples: de quem são os olhos vermelho flamejante? Dada a tendência de Plant de engolir pronomes pessoais, que pode estar ligada ao ímpeto de tragar tudo, é impossível saber. Suspeito, porém, que os olhos não pertencem à mulher, mas ao próprio Percy. Nisso, a canção antecipa os olhos vermelhos e brilhantes de Jimmy Page enquanto toca viela de roda em *The Song Remains the Same*, e também lembra a criatura escondida no desenho de Colby reproduzido no interior da capa de 𝄞 ⚶ ⊕ ①, que alguns identificam como um cachorro preto.

A mensagem de novo? A Besta está lá dentro, ela olha para fora através de seus olhos.

Então, "Black Dog" não demoniza o poder sexual da mulher, e sim a luxúria do próprio homem, vivenciada como uma possessão que vem de dentro. Essa experiência de desejo como uma possessão oculta chega a todos nós em algum ponto de nossas vidas, mas pode parecer especialmente aguda na mente dos jovens rapazes que experimentam a primeira descarga de hormônios da adolescência. De fato, uma função dos mundos violentos da fantasia que enfeitiçam tantos garotos dessa idade, de jogos de computador ao heavy metal, passando pelos monstros com tentáculos japoneses do *hentai*, é conter e exteriorizar criativamente os desejos que ameaçam os limites do eu. O mundo da fantasia se torna um círculo mágico masturbatório em que o desejo pode ganhar forma mantendo-se nos confins sublimados. Mas a despeito de repercutirem a angústia adolescente, os gritos de Percy também expressam um medo espiritual: de que o desejo intenso desencadeie um *infinito* aterrorizante. Eu poderia citar uma série de escritores românticos decadentes aqui — Huysmans, Baudelaire ou Clark Ashton Smith. Mas um trecho do cafona "Hymn to Satan", de Crowley, deve bastar:

> *By its thirst, the cruel craving*
> *For things infinite, unheard-of,*
> *Dreams devouring and depraving,*
> *Songs no God may guess a word of,*
> *Songs of crime and songs of craving*[64]

---

[64] Por sua sede, o desejo cruel/ por coisas infinitas, desconhecidas/ Sonhos devorando e depravando,/ Canções de Deus podem conjecturar uma palavra de,/ Canções de crime e canções de desejos. [N.T.]

Apesar de ter sua base em imagens cotidianas do blues, "Black Dog" e sua canção de desejo marcam o ponto em que a obsessão sexual se torna sobrenatural. Os sonhos devoram Percy, mas também o fazem avançar, na música, por um mundo onde ele sabe desde o começo que não terá o suficiente — "can't get no fill".

Aos 24 anos, Berlioz estava enfeitiçado de maneira parecida por uma atriz quando compôs sua *Symphonie Fantastique*, na década de 1820. Mas como nossos garotos, de idade semelhante, expressam esse desejo sobrenatural em "Black Dog"? Para começo de conversa, o timbre das guitarras concentradas na canção é gloriosamente indecente. Em todos os três trechos de guitarra, Andy Johns passa a Gibson de Page por um amplificador de microfone e dois compressores UA 1176, criando um som que faz lembrar a declaração de Zappa, que diz que, enquanto saxofones podem ser vulgares, só guitarras podem ser obscenas. Mas "Black Dog", como tanta coisa no Led Zeppelin, de fato pertence à seção rítmica. John Paul Jones compôs o riff esquisito e merecidamente celebrado e fez os arranjos da faixa, e as batidas sólidas de John Bonham criaram uma tensão enorme ao resistir às complexidades do riff. Apesar de não poder destrinchar essas complexidades com a sofisticação e a clareza que Susan Fast alcança em *In the Houses of the Holy*, posso pelo menos citar suas conclusões. Segundo ela, o deslocamento da métrica da canção "pega o ouvinte com a guarda baixa, destruindo expectativas". O retorno frequente do riff à tônica também nos tira do eixo, a despeito de, como nota de "base", ela estar caracteristicamente associada a uma ideia de resolução e alívio. No entanto, aqui, o deslocamento rítmico garante que a nota de base do riff continue aparecendo em diferentes pontos do compasso, fazendo essa ideia de resolução chegar "cedo demais ou tarde demais".[65] É só no acorde aberto no final do riff, antes de os vocais a capella de Plant voltarem, que temos uma aterrissagem confiante. Reynolds e Press afirmam que "o riff enfático e extenuante encarna o sexo como agonia e labor", mas não é isso que eu escuto. "Black Dog" encarna a energia sexual como um fogo em forma de serpente, se retorcendo e se virando em uma dança interna e sombria que sugere estágios progressivos de virtuosidade sinuosa, em vez da rotina do labor. Ainda que às vezes repouse, a energia nunca se dissolve e o clímax clichê não acontece. Assim, "Black Dog" é uma espécie de tantra sonoro, ensinando o corpo — que é fortemente puxado e empurrado pela esquisitice métrica — a abraçar e até aproveitar o estado de tensão, a sublimar a frustração e transformá-la em surpresa. Inflamado, sim, mas dificilmente agonizante.

A tensão da música, mais uma vez, emerge do descompasso entre o riff distorcido e a recusa quase desafiadora de Bonham em sair do quatro por quatro. Bonzo não só mantém a intensidade aqui — como um urso numa caverna, ele metodicamente ataca as vespas. Essa rebeldia pode ter raízes no fato de que o arranjo original de Jones exigia uma figura temporal mais complexa do que aquilo que ouvimos. Jones afirma que mais ninguém conseguia tocá-lo; Page chamou a faixa de "aquela cabeluda".[66] É possível até dizer que Jones, com seu corte de cabelo de pajem fofoqueiro, estava tentando seduzir a banda para o progressivo. Uma gravação pirata de um ensaio antigo

---

[65] Susan Fast, *In the Houses of the Holy*. Nova York: Oxford University Press, 2001, p. 182.

[66] Ritchie Yorke, *Led Zeppelin: The Definitive Biography*. Novato, CA: Underwood-Miller, 1993, p. 135.

revela Bonham tocando colcheias e acentuações que acompanham muito melhor o riff, como se ainda não tivesse encontrado o próprio groove. Jones explica que a banda foi especialmente desafiada pela inversão que desemboca na ponte, até Bonham se dar conta de que podia simplesmente firmar os pés e contar o tempo em quatro por quatro como se não houvesse nenhuma mudança.

O resultado disso é um exemplo rudimentar do "tocar à parte" encontrado na música africana, uma conversa cruzada em que, como John Miller Chernoff afirma, "há sempre pelo menos dois ritmos em andamento".[67] Ainda que "Black Dog" esteja longe de soar como um ritual percussivo em Daomé, ela sem dúvida tem um estilo funk, ainda que um funk estranhamente abstrato e irregular. Ao contrário da maior parte dos artistas de metal posteriores, o Led Zeppelin deu à luz o seu estilo próprio de levada, obtido não por uma "sensação" superficial, mas por arranjos fortes, muito provavelmente fruto do trabalho de Jones.[68] Além da levada complexa de "Black Dog", temos a paródia de James Brown em "The Crunge", a jam em "Over the Hills and Far Away", as pontes em "Kashmir", "The Ocean" e a profundamente empesteada "Wanton Song". Ao vivo, a banda às vezes incluía "Shaft" em seus medleys cheios de suingue. Apesar das incursões quase ridículas em imitações de blues de Robert Plant, a levada do Led Zeppelin prova que a banda — ao contrário de muitos de seus colegas — não manteve as estruturas da música negra em uma redoma. O riff de Jones foi inspirado pelas intensas linhas de baixo de um

---

[67] Disponível em: http://daize.puzzling.org/school/africanmusic.html. Acessado em junho de 2004.

[68] Agradecimentos a Charles Kronengold por esse argumento.

álbum de Muddy Waters, que era, em si, um mutante — em *Electric Mud*, de 1968, o bluseiro de Chicago abraçou a psicodelia em uma óbvia jogada comercial que horrorizou críticos e fãs de blues brancos, com seus anseios puristas por autenticidade. Mas os movimentos de Muddy não incomodaram o Led Zeppelin porque *o Led Zeppelin não era puro*. Esse amor pela mistura e pelo desleixo deu à música e ao som da banda uma força quase profética. Nos anos 1970, as harmonias do Zeppelin muitas vezes soavam... bem, um tanto pesadas. Mas como Robert Palmer comentou em 1990, depois de anos ouvindo baterias nos estilos hippie e hip-hop, "as batidas bruscas e as harmonias oscilantes do Led Zeppelin soam muito diferentes, elas te botam para dançar para valer".[69]

Podia-se dizer que a levada é o motivo por que o "cachorro preto" [Black Dog] do Led Zeppelin é preto. Mas por que é um cachorro? Não há nada canino em sua forma, ainda que sua carnalidade seja bastante animalesca. Plant afirma que a faixa foi intitulada em homenagem a um labrador preto que entrava e saía de Headley Grange enquanto a banda ensaiava e gravava, mas essa explicação é tão escorregadia quanto um fio de espaguete molhado. Mesmo que seja verdade que os rapazes deixavam as portas abertas no auge do inverno inglês, não se dá o nome para a primeira música de seu Álbum mais épico e minuciosamente planejado em homenagem a um animal perdido. O termo "black dog" às vezes denota episódios de depressão, e eu não ouço nenhum miasma aqui, assim como não acredito que a banda seja vulgar a ponto de aludir ao "incidente do cão dinamarquês" que Cole relata ter acontecido no Chateau Marmont, em Los Angeles, em 1969.

---

[69] Robert Palmer, "Led Zeppelin: The Music", livreto *Led Zeppelin*. Atlantic Records, 1990.

⚙️🔔 é um álbum mitológico, e acredito que precisamos localizar seu cão preto no universo da tradição. Voltando ao ritmo oscilante da faixa, descobrimos que aquele riff e a batida de Bonham formam duas linhas que seguem caminhos separados antes de finalmente se reencontrarem no acorde de sustentação que encerra o riff principal. Nesse ponto de estagnação temporária, essas duas linhas atravessadas formam um *cruzamento sonoro*, uma junção no tumultuado lodo elétrico. Um cachorro estranho e um cruzamento são uma coisa, mas, quando Percy clama por uma mulher "steady rollin'", entendemos que estamos na terra de Robert Johnson, uma vez que o verso faz menção ao uivo do pobre Bob, "Steady Rollin' Man", de joelhos, diante de uma garota que levou seu dinheiro. Desconfio que o cachorro preto seja um Cérbero, ou pelo menos seu ancestral do Velho Mundo, no encalço de Percy, que corre pela paisagem de ⚙️🔔. Afinal, o folclore britânico está cheio de cachorros pretos assustadores assombrando estradas, escadas e outras passagens secretas. Muitas vezes associado à morte e outras coisas ruins, esses cães espectrais atendem a uma variedade de nomes, incluindo Devil's Dandy Dogs, Wisht Hound, Black Shag, Padfoot, Hooter e Skriker, que guarda uma vaga semelhança com o nome do cachorro do próprio Plant, Strider. *O cão dos Baskervilles*, de Arthur Conan Doyle, foi inspirado em uma fera preta fantasmagórica que supostamente assombrava Dartmoor. Eu ainda fico arrepiado quando ouço o canto fúnebre de Nick Drake, lançado postumamente, "Black-Eyed Dog", no qual um jovem assombrado encontra um cachorro em sua porta, que "sabia o seu nome".

Headley Grange não era um lugar improvável para um cachorro preto entrar pela porta, considerando que mais de quarenta aparições de cachorros pretos fantasmagóricos foram registradas no condado adjacente de Wiltshire.[70] Em sua discussão sobre "Black Dog", Tom Friend também comenta que se dizia que alguns desses fantasmas tinham olhos vermelhos e brilhantes. Isso o leva à brilhante conclusão de que, quando Percy diz "dreams of you all through my head", na verdade, ele está falando com o cachorro. Mais lenha para essa fogueira é fornecida pelo folclorista britânico Bob Trubshaw. Em seu artigo "Black Dogs: Guardians of The Corpse Ways", Trubshaw mostra que as histórias de cachorros esfarrapados do Reino Unido derivam de uma vasta linhagem de mitos indo-europeus e xamânicos que veem o cachorro como o psicopompo ou um guardião do tipo Cérbero do outro mundo. O guardião do inferno de Johnson e o cão dos Baskervilles têm em comum sua origem no túmulo, o terreno sepulcral onde os ritos tântricos mais temidos são realizados. Aqui, vale a pena lembrar que Andy Johns declarou que a banda gravou "Black Dog" em uma espécie de cripta em Headley Grange. E mesmo que ele tenha apenas identificado mal a despensa do local, essa continua sendo uma faixa assombrada. Depois de ler o texto de Trubshaw, ouvi "Black Dog" de novo e finalmente consegui identificar o som das vinte batidas de scratch do "exército da guitarra". Antes, eu acreditava que se tratavam de oscilações eletrônicas aleatórias. Mas, veja só, agora eu ouço um cachorro arfando.

Hot-dog

Como reza a lenda, "Rock and Roll" começou como uma brincadeira. Durante um ensaio frustrante de "Four Sticks", John Bo-

---

[70] Bob Trubshaw, "Black Dogs in Folklore". Disponível em: http://www.indigogroup.co.uk/edge/bdogfl.htm. Acessado em outubro de 2004.

nham tocou espontaneamente os compassos de abertura da música de Little Richard de 1957, "Keep a Knockin'". Page acompanhou com um riff acelerado criado do nada e, em menos de quatro takes, uma das faixas mais punk e perfeitamente "Led Zeppelin" nasceu. Até meados dos anos 1970, a banda usava "Rock and Roll" para abrir ou encerrar seus shows, e não é difícil entender por quê. Page canaliza seu id adolescente, Plant vence a solidão com a exuberância e Bonham ataca um brilho de alta frequência nos hi-hats e nos pratos que ele costumava tocar com uma contenção cautelosa. Ainda que a obra da banda contenha mais esperança e humor do que em geral se reconhece (pense em "Celebration Day", "The Crunge", "Hey Hey What Can I Do"), o Led Zeppelin raramente criou algo tão alegre. É quase inocente.

Parte da diversão tem origem na oportunidade que a canção oferece a Page de se render ao rockabilly gravado nos cantos de seu cérebro — a voz anasalada e risonha e o tom jocoso e rouco de Scotty Moore, Cliff Gallup e James Burton, em especial. Imagine a cena: Jimmy com 12 anos, magrelo, sozinho em algum bairro residencial de Londres, ouvindo "Race the Devil", de Gene Vincent, sem parar, pulando ao som do fraseado agitado de Gallup que surgia entre as notas, enquanto a letra de Vincent plantava uma estranha semente em sua alma de garoto em formação. Diferentemente de Eric Clapton, mas assim como seu eventual parceiro Jeff Beck, Page não virou as costas para o rock'n'roll quando descobriu e começou a beber da fonte mais profunda, ou pelo menos mais energética, do blues. (Sua coleção de discos da Sun Records e *memorabilia* do começo do rock faz jus à sua obsessão por Crowley.) Alvin Lee conta que Page costumava levar uma foto de James Burton na carteira, uma figura poderosa, embora tenha tocado com Ricky Nelson e literalmente vivido com Ozzie e Harriet. Page compartilhava seu amor pelo rock com Plant, que, apesar das longas peregrinações subculturais pelo beat jazz, washboard blues e pelo folk--rock, tinha Elvis no alto de seu templo de identificação musical.

A história da composição de "Rock and Roll" enfatiza a virtuosidade espontânea daquele momento. A faixa surgiu como se estivesse sendo despejada, um exercício descartável de frustração e de "foda-se" cujo objetivo era limpar a mente. Em outras palavras: rock'n'roll genuíno. Mas o que *de fato* a tornou rock'n'roll foi a habilidade da banda em reconhecer sua força pop pelo que era: uma descarga concisa de energia que agradaria a milhões de fãs. "Rock and Roll" é tão descaradamente pop que, em meio a um álbum tão "heavy", causa uma impressão de honestidade e exuberância — rock masculino e sexualizado, não como dominação sombria, mas como um prazer adolescente mercantilizado, como um pirulito de cereja. A essência da canção é comercial, e seu destino posterior foi garantido desde o começo. Durante a transmissão do Super Bowl de 2002, a Oldsmobile lançou uma campanha para recuperar o mercado de carros de luxo com uma série de inserções que traziam "Rock and Roll" como trilha sonora. "Oldsmobile?!", nós, fãs do Led Zeppelin, exclamamos. "A que ponto chegamos!" A ironia foi ainda mais potencializada pelo fato de, apenas uma década antes, Richard Linklater ter procurado o Led Zeppelin para incluir "Rock and Roll" em *Jovens, loucos e rebeldes*, a exaltação do diretor de Austin aos adolescentes brancos desleixados e pobres dos Estados Unidos em meados dos anos 1970 — em uma cena os membros da banda eram deuses cujos discos funcionavam como, nas palavras da socióloga Donna Gaines, "teologia da libertação em vinil". Page e Jones concordaram com esse belo (e muito bem-remunerado) projeto, mas Plant disse não. Isso, sim, é rock'n'roll!

Então como "Rock and Roll" se encaixa na jornada de Percy? Por que esse imbecil excitado, com um cachorro preto no seu encalço, acaba se tornando líder de uma banda? Eu diria que as primeiras duas músicas do álbum representam a fase inicial da jornada do herói, elas preparam Percy para os encontros mais profundos que estão por vir. "Black Dog" é uma iniciação sombria para o desejo sagrado, para a inquietação que faz a alma cair na estrada. Na faixa seguinte, Percy canaliza essa energia volátil em uma estrutura musical, emocional e bastante convencional. Ele está temporariamente se estabelecendo no mundo prosaico. Se você precisa deixar a vida correr, pode muito bem fazer isso em estilo rock'n'roll — isso agrada às mulheres e rende um dinheiro. Então, enquanto Percy leva uma estrofe inteira para encontrar seu "eu" em meio às confusões de "Black Dog", aqui ele o encontra na primeira linha, cantando com uma confiança arrogante enquanto a banda toca o que era, em 1971, um anacrônico, ainda que testado e garantido disparo de energias indóceis.

As letras de Percy invalidam essa afluência ensolarada com palavras que, na verdade, são bastante tristes. Enquanto a canção avança como um pequeno cupê vermelho com acabamento em couro "joia", Percy olha pelo retrovisor, e a nostalgia se revela como mais um vetor para sua inquietação. "Let me get back" [me deixe voltar], ele suplica, "where I come from" [para o lugar de onde eu vim]. Em termos de influências musicais, o Led Zeppelin com certeza bebe da fonte do rock dos anos 1950, mas a súplica de Percy reflete um desejo mais existencial. Ele quer voltar para a época do "stroll", que era o nome de uma coreografia cafona que se tornou famosa no programa *American Bandstand*. Mas "stroll" também significa um passeio casual, a romântica caminhada ao luar que o atormentado Percy não consegue mais fazer.

Ele também não consegue mais contar com as páginas do "livro do amor", uma imagem extraída do sucesso do doo--wop dos Monotones de 1958. Aparentemente inspirado pelo slogan da pasta de dentes Pepsodent ("You'll wonder where the yellow went" [Você vai se perguntar aonde o amarelo foi parar]), os Monotones "se perguntam" quem escreveu o livro do amor. "Was it someone from above?" [Foi alguém vindo lá de cima?], eles indagam. Em outras palavras, se questionam se Deus criou a luxúria. Essa é a questão feita pela cultura medieval do amor cortês, cujos trovadores deram à luz a imagem da "Dama" que vem para assombrar Percy. Os amantes medievais introduziram um quê pagão de eros aos rituais cristãos de corte e casamento, criando nossa experiência moderna de amor como uma paixão idealizada e ardente. O desejo se tornou exaltado, enquanto as faíscas da paixão foram intensificadas, tornando-se uma alquimia herege de cobiça sexual. Mas, para os Monotones, o livro do amor continua sendo um livro ortodoxo de mandamentos, de leis — o capítulo 1 diz para amá-la, enquanto o capítulo 2 exige que você diga a ela "you're never, never, never, never, never gonna part" [vocês nunca, nunca, nunca, nunca, nunca vão se separar]. Ainda que, mais tarde, Percy repita essas palavras em um dos versos mais peculiares de "Going to California", ele claramente não acredita mais no livro nem em seus votos, que, como ele aponta, nunca funcionaram mesmo. Percy foi além das regras estabelecidas, guiado e confundido pela conjunção de espiritualidade e desejo.

Em novembro de 1971, o mesmo mês em que 𝄢 ⚜ ☯ ① foi lançado, uma canção de um cantor e compositor americano surgiu nas paradas e logo as dominou: "American Pie", a balada épica de Don McLean. Refletindo poeticamente sobre as mudanças pelas quais o rock tinha passado desde a morte de

Buddy Holly, em 1959, McLean lamentava o fim dos bailes e a perda da inocência, enquanto também conseguia cantar sobre diques e rockstars satânicos. Anunciando a religião ainda escondida dentro dos rituais pop de sedução, McLean pergunta a nós, ouvintes, se *nós* escrevemos o livro do amor, se temos fé em Deus. Em seguida, ele faz as perguntas que, acredito eu, também incomodam Percy: "Now do you believe in rock and roll, can music save your mortal soul/ and can you teach me how to dance real slow?" [Você acredita em rock and roll, a música pode salvar sua alma mortal/ E você pode me ensinar a dançar bem devagar?]. As perguntas de McLean refletem a ansiedade induzida pelo "amadurecimento" do rock. Considerado no passado desinibido, adolescente e, basicamente, descartável, o rock se tornou, em 1971, uma questão muitas vezes séria e introvertida. Para alguns críticos e fãs, essa transformação foi, na essência, uma forma de sucumbir ao egocentrismo decadente. Para esses ouvintes, a grandiosidade tântrica do Led Zeppelin tinha o gosto de uma fermentação amarga dos impulsos mais frescos e suculentos do rock. Mas, com essa menção ao "livro do amor",[71] Percy nos faz lembrar que mesmo aqueles tempos de Pepsodent foram atormentados pelo conflito espiritual entre a lei celestial e o desejo terreno. Até o começo da década de 1970, essa luta mítica já tinha florescido e se transformado em uma grande batalha, uma batalha que também seria o cenário da próxima fase da busca de Percy.

---

[71] "Livro do amor" também é uma forma de se referir à Bíblia. [N.T.]

IV. In the Middle of the Air

"The Battle of Evermore"
"Stairway to Heaven"

Mal se passam dois segundos entre a garrafa estilhaçada do final de "Rock and Roll" e as primeiras notas de "The Battle of Evermore". Para o ouvinte, o efeito é algo como sair cambaleando de uma noite rockabilly em um bar de motoqueiros e ir parar em uma clareira no meio da mata com Frodo e Sam, falando baixo e agindo de modo reverente enquanto uma tropa de altos-elfos passam a caminho das terras do Oeste. Nós nos acostumamos com essa justaposição na confusão de apropriações da mídia pós-moderna, em que mash-ups significam ironia, sagacidade *geek* ou apenas a maneira como as coisas funcionam em uma era de saturação de informações. Mas a ponte que o Led Zeppelin constrói nesses dois segundos não sugere nada disso. Aqui, o contraste agudo entre os gêneros atesta não só o leque de estilos e humores da banda, mas também a quantidade de espaço que ⚭ 🜨 ⊛ ① cria — espaço suficiente para duas faixas tão diferentes quanto milk-shake e hidromel andarem juntas. Em vez de entrarem em conflito, elas têm uma relação orgânica, fazem sentido.

A suavidade dessa transição também diz alguma coisa sobre o papel da música acústica no Led Zeppelin, talvez o aspecto menos analisado do som da banda, e que é profundo — e charmoso. Tanto Page quanto Plant amavam música acústica. Antes de conhecer o vocalista, Page não tinha certeza se queria formar uma banda de hard rock ou anglo-folk no estilo Pentangle. Considerando que todos os álbuns da banda até *Presence* incluíam faixas acústicas, ele de certa forma conseguiu as duas coisas. Ainda que o Led Zeppelin vá ser estudado pelos nossos filhos biônicos pelo poder de seu rock elétrico, alguns dos momentos mais sublimes da banda são essencialmente acústicos: "Gallow's Pole", "Hey Hey What Can I Do", "Black Mountain Side", "Friends" e o começo de "Stairway to Heaven". Embora Jimmy Page não seja exatamente um maestro das cordas de aço — ele uma vez descreveu seu dedilhado como um cruzamento entre Pete Seeger, Earl Scruggs e "incompetência total" —, ele possui um controle de bruxo da atmosfera acústica. Ouvi montes de gravações com esse estilo de tocar amuado ao longo dos anos, mas continuo sendo, até hoje, inexplicavelmente tocado pelos 122 segundos de "Bron-Yr-Aur", de *Physical Graffiti*, uma piscina límpida de serenidade triste cujo nome vem de uma cabana isolada nas montanhas galesas onde Page e Plant rascunharam pela primeira vez suas pérolas acústicas.

O Led Zeppelin gostava da música acústica por si só, mas sua função primária nos discos da banda era aprofundar o contraste elementar entre luz e sombra. Em vez do *djim* elétrico do som de Prometeu moderno, os violões anunciam os poderes mais antigos da madeira e do bronze — críticas a "Bron-Yr-Aur", por exemplo, em geral enfatizam que não havia eletricidade nela. Não surpreendentemente essa polaridade musical é também uma polaridade de gênero. Em contraste com a agressão elétrica, as baladas acústicas permitem que os rapazes relaxem e revelem seus lados mais gentis, íntimos e sensíveis. ("Bron-

-Yr-Aur", é preciso mencionar, significa "seio dourado".) Esses movimentos sutis problematizam a caricatura do rock masculino e sexualizado que domina a imagem do Led Zeppelin. A música acústica não só ajudou a banda a criar uma excelente trilha sonora para uns amassos, aumentando assim o prazer de garotos e garotas por toda parte, mas também levou a banda a "feminilizar" a si mesma e sua música. Essa confusão de gênero foi importante para os membros do Led Zeppelin, que desfrutaram bares de travestis em Nova Orleans e apareceram travestidos na capa de *Physical Graffiti* três anos antes de *Some Girls*. É claro que o pênis de Robert Plant está à vista, mas essa é a questão: ele desfila pelo palco como uma esposa jovem e gostosa. Com o "sensível" Jimmy Page a seu lado, os dois formam o que um fã gay do Led Zeppelin descreveu como "uma 'versão' mais perigosa e mais andrógina de Mick e Keith".[72]

A dinâmica de gênero desempenha um papel vital em "The Battle of Evermore", que é onde a Queen of Light, ou Rainha de Luz, entra em cena pela primeira vez e faz sua reverência, para retornar depois nas outras duas faixas parcialmente acústicas do álbum, "Stairway to Heaven" e "Going to California". A participação dela aqui é seguida pelo solitário Prince of Peace, ou Príncipe da Paz, que abraçou a escuridão. Essas figuras, assim como os arcanos maiores do tarô, são enigmáticas, mas suas idas e vindas pelo menos nos fazem lembrar quão importante a polaridade de gênero é para o imaginário ocultista. Como Susan Fast argumenta, o uso que o Led Zeppelin faz dos contrastes — incluindo a tensão entre as atmosferas acústica e elétrica — sugere um desejo latente por equilíbrio espiritual, por *yin* e

---

[72] Susan Fast, *In the Houses of the Holy*. Nova York: Oxford University Press, 2001, p. 175.

yang, pela dança holística dos elementos. E, de fato, desconfio que seja exatamente esse "equilíbrio" pagão que Percy quer recuperar no final de "The Battle of Evermore".

A faixa é também a única gravação do Led Zeppelin em que ouvimos uma voz feminina, fazendo o papel que Plant chama, com um tanto de ambiguidade, de "pregoeiro público". Mas não é uma voz feminina qualquer. O contralto agudo e misterioso que nos chama para dançar na escuridão da noite pertence a Sandy Denny, que tinha acabado de sair do grupo pioneiro de folk-rock britânico Fairport Convention quando aceitou participar de uma exaustiva sessão de gravação com o Led Zeppelin. O Fairport era brilhante, ao menos em seus jorros intensos. Originalmente, a banda buscou inspiração no folk-rock da Califórnia, enquanto fazia covers de Bob Dylan e Leonard Cohen. Mas com o incrível *Liege and Lief*, de 1969, eles começaram a eletrificar as baladas folclóricas tradicionais como "Tam Lin", acrescentando um som mais delicado para a experiência britânica em processo de enraizar o folk-rock em solo nativo. A presença de Denny sinaliza o desejo do Led Zeppelin de reconhecer e contribuir com esse subgênero maravilhoso e, até pouco tempo antes, um tanto obscuro.

A relação da banda com o britfolk é complexa, em parte porque o subgênero em si é definido de maneira tão ampla. Quando "The Battle of Evermore" foi lançada, o Reino Unido já tinha produzido álbuns fantásticos, mas muito diferentes, de Fairport Convention, The Incredible String Band, Bert Jansch, The Pentangle, Forest, The Trees e Third Ear Band, cada um explorando, recriando e fabulando a música folk extraída, além de outras fontes, da cultura celta e das Ilhas Britânicas. Page costumava elogiar *Jack Orion*, de Jansch, para os jornalistas; Plant chamava a Incredible String Band de "uma inspiração e um sinal". Apesar de o Led Zeppelin extrair tanta inspiração de fontes americanas, eles entrelaçaram suas próprias raízes também, em especial com "The Battle of Evermore", "Black Mountain Side" e com os compassos de abertura de "Stairway to Heaven". Assim como muitos artistas do britfolk (como, sem dúvida, Fairport Convention), o Led Zeppelin abordou a tradição como história *tanto quanto* como mito. "The Battle of Evermore" é uma mistura dos dois estilos, uma mulher "matadora" que desfila por dois palcos — o plano terreno de campos, espadas e macieiras e o "céu" cheio de forças espirituais, de nazgûl e anjos, de "bem e mal que os mortais nem imaginam". O jovem Robert Plant, que estava lendo sobre as guerras da fronteira da Escócia na época em que escreveu a letra, muitas vezes falava para a imprensa sobre seu fascínio com a história e "os personagens antigos de onde viemos".[73] Assim como tantos anacronistas criativos da contracultura, Plant usava a história para romantizar e encenar um estilo de vida alternativo — em outras palavras, para viver parcialmente em um mito. Em 1972, ele declarou: "Você pode viver no mundo da fantasia se ler livros o suficiente e se tiver tanto interesse na história quanto eu. Sabe, na Era das Trevas e tal."[74] Mas por que estudar história, se você só quer o mundo da fantasia? Por que se importar com guerras por fronteiras quando você pode ler *The Mabinogion*, de Charlotte Guest, ou mergulhar em Tolkien mais uma vez? A resposta é que as faíscas não surgem de verdade, a menos que o mito seja forjado contra a bigorna inexorável dos eventos reais.

---

[73] Robert Gordon, *Led Zeppelin: The Press Reports*. Burlington, Ontário: Collectors Guide Publishing, 1998, p. 258.
[74] Ibid., p. 220.

Então o pobre Percy sai de um bar de rock certo dia e se vê imerso no pesadelo da história. "The Battle of Evermore" não é um grito de guerra viking. Pode-se dizer que sua imagem de dor e infortúnio reconta "Immigrant Song" do ponto de vista do camponês. Como sabemos muito bem atualmente, a situação se repete no decorrer da história: um tirano louco por guerras governa um reino, a terra está envenenada e uma batalha terrível com algum inimigo quase sobrenatural se aproxima. Durante os versos, Percy cumpre seu papel e canta como um bardo, oferecendo uma visão transpessoal dos acontecimentos, uma visão que ele também vai sustentar em "Stairway to Heaven". Durante o refrão, quando seu "eu" retorna, Percy é só mais um soldado, agarrado à sua espada cega com os demais soldados, cuja presença coletiva é sugerida pelas múltiplas sobreposições de vozes. Aguardando uma carnificina ao amanhecer e provavelmente sujando as calças, eles rezam por reforços dos anjos de Avalon, aquela ilha dos mortos encantada arturiana que pode ou não ser Glastonbury Tor. Aqui Percy descobre uma das motivações básicas do mito: redimir o real ou, pelo menos, fugir dele.

Com tanto mito sendo destilado, não é uma surpresa que "The Battle of Evermore" inclua uma das três referências explícitas do Led Zeppelin a *O Senhor dos Anéis*, de J.R.R. Tolkien, a menos que você considere a ocasião em que Plant grita "Strider"[75] no DVD do Led Zeppelin. Alguns fãs acreditam que a canção inteira reflete eventos de *O retorno do rei*: Eowyn, a Rainha de Luz, se despede de Aragorn; o Príncipe da Paz percorre os caminhos sombrios dos mortos; os nazgûl e o dragão de Sauron são derrotados na Batalha dos Campos de Pelennor. Em todo caso, essas alusões à Terra Média não só refletem a

---

[75] Strider é um antigo apelido de Aragorn, como Percy, mas mais nobre.

sensibilidade hippie de Robert Plant, mas também a tentativa audaciosa e, é preciso dizer, bastante bem-sucedida da banda de forjar uma mitologia do século XX que tenha a repercussão e a rentabilidade dos romances de Tolkien. Nos Estados Unidos, onde surgiram os primeiros fãs ávidos tanto de Tolkien quanto do Led Zeppelin, ambas as importações britânicas deram aos americanos a oportunidade de reimaginar a Grã-Bretanha como uma tradição paradoxalmente exótica. Enquanto a banda reembalou o blues americano, assim como os Rolling Stones ou Eric Clapton, ela também desembarcou na Costa Oeste trazendo baladas de Avalon de Francis James Child, fantasias profundas cujos excessos míticos são contidos pelo zumbido industrial da guitarra.

Tolkien também deu à banda mais uma forma de moldar o lado escuro da força. Em "Ramble On", de *Led Zeppelin II*, que funciona como uma semente de cristal em sua busca por uma rainha, Plant se vê em Mordor, onde Gollum e "o maligno" roubam sua garota. Em "The Battle of Evermore", o Senhor das Trevas invadiu o reino humano, com nazgûl de preto a seu lado. Por que o Led Zeppelin faz alusão aos vilões de Tolkien, e não aos elfos, ou entes, ou hobbits? Porque com o Led Zeppelin você ganha qualquer consolo que o mito possa oferecer abraçando a escuridão, confrontando "the darkest of them all" [o mais sombrio de todos eles]. O paganismo deles não é o da mãe-Terra, com a baboseira relativista do arco-íris de Marin County. Assim como o católico Tolkien, o Led Zeppelin pressente um núcleo sombrio no cosmos, uma fonte do mal nas intenções e horror na execução. "The Battle of Evermore" é, afinal, uma batalha. A banda não vai invocar a tradição pagã sem invocar a violência, não só a violência contra o mundo pagão nem a violência dentro do mundo pagão, mas a violência na própria imaginação espiritual: *a guerra no paraíso*. Foi a essa guerra que São Paulo fez alusão em Efésios 6:12 quando falou sobre luta — não de carne e osso, mas contra "os hospedeiros espirituais do mal em lugares celestiais".

Há muito em jogo na batalha. É de "Evermore" que estamos falando, quando o tempo nos revela tudo. Mas, como todas as batalhas, ela está cheia de alarmes confusos de luta e fuga, de subterfúgio e falhas de comunicação. Percy mal sabe de que lado está. O inimigo é diabólico ou apenas mau? A escuridão é só o "equilíbrio" da luz ou precisa ser eliminada com a espada? De início, a imagem final da "batalha" sugere o triunfo do Bem: a manhã chega, o dragão é ofuscado pela luz do sol e as forças da luz jorram no vale, assim como Gandalf e os cavaleiros de Rohan exilados, que emergem na montanha na versão de Peter Jackson da batalha do abismo de Helm. Mas a sintaxe de Percy é estranha, e o leve retorno dos *olhos ardentes* de "Black Dog" não ajuda em nada. Um dragão flamejante pode mesmo ser tão sensível ao sol? Quem exatamente é ofuscado? A sensação triunfante do refrão, com suas belas mudanças para acordes de sétimas maiores, se dissolve nos infortúnios subsequentes enquanto a introdução angustiante da música retorna. Percy solta gemidos sobre acordes menores arpejados antes de finalmente descansar, de modo pensativo, em um Mi grave. Page segura o intervalo menor sinistro com mais algum dedilhado de estilo "feira da Renascença" antes de retomar a estrofe, durante a qual Percy, imerso no eco e cada vez mais histérico, exige: "Bring it back" [Traga de volta] — imagina-se que o que ele quer de volta seja o "equilíbrio", o qual, como ele afirmara anteriormente, seria restaurado pelas runas mágicas.

Em termos musicais, "the Battle of Evermore" sugere esse equilíbrio pela presença vocal de Sandy Denny, cuja força feminina complementa a confusão de Percy. O papel dela não é exatamente da bela desamparada nem da megera que poderíamos esperar de uma gravação de rock masculino e sexualizado; como "pregoeira pública", ela pede que os homens peguem em armas. Mas a performance de Denny vai mais fundo que isso. Quando nos chama para dançar no escuro e cantar para a luz, acredito que ela esteja fora da estrutura imediata da batalha, falando não como pregoeira pública, mas como uma sábia, uma malabarista mística de polaridades pagãs, uma bruxa. Ela é a Dama que voltou na forma da Sacerdotisa Maior. Denny foi uma presença suficientemente significativa em 🜨 🜨 🜨 🜨 para obter seu próprio sigil no encarte, e, consultando Koch, descobrimos que ▽ significa divindade. Na iconografia ocultista, o triângulo apontando para baixo muitas vezes também representa a *yoni*, o órgão reprodutor feminino. Juntando os dois, a leitura que faço do glifo de Denny é de um sinal da Deusa Tripla. Pregoeira pública ou não, ela apresenta Percy ao poder do sagrado feminino.

Pelo resto do álbum, Percy luta contra o desejo de servir e ao mesmo tempo dominar essa Dama. Aqui a resposta é clara e pagã: você honra a deusa restaurando o equilíbrio, a harmonia perdida do labor humano e da boa e vasta terra. A generosidade do vale traz felicidade, mas é o nosso "tender care", o nosso cuidado, e nossos modos pacíficos de manter o solo fértil e as maçãs boas. Esse trabalho não é apenas funcional, mas também espiritual. É disso que a canção e a dança de Denny tratam: retribuir à terra através do ritual. É como paramos de esquecer. Em "Down By the Seaside", de *Physical Graffiti*, uma canção gravada originalmente em 1970, Plant oferece uma razão semelhante pela qual devemos cantar para a luz do sol e rezar para a chuva: "Show your love for Lady Nature and she will come back again" [Demonstre seu amor pela Mãe Natureza e ela voltará]. Depois das enérgicas iniciações de "Black Dog" e "Rock and Roll", Percy descobre a guerra no céu e os rituais de cura da terra. A polaridade traz ambiguidade. Talvez seja por isso que Jimmy Page, ao brincar com um repórter, disse que essa canção sobre uma batalha soava "como uma dança ao redor de um mastro enfeitado".[76] Até as marés da guerra, com sua força apocalíptica do julgamento, podem servir como limpeza da primavera.

In the Light, You Will Find the Road

"Stairway to Heaven" não é o rock mais incrível dos anos 1970, é o feitiço mais incrível dessa época. Pense a respeito: estamos todos bem fartos dela, mas de alguma forma fundamental ela ainda é a número um. Tudo mundo sabe disso, todo mundo — de Dolly Parton a Frank Zappa, passando por Pat Boone e Jimmy Castor — gravou versões dela, e todo mundo que tem uma guitarra sabe tocar os famosos acordes de abertura. No que diz respeito ao rock radiofônico, "Stairway to Heaven" é geralmente considerada a canção mais pedida e mais tocada de todos os tempos, apesar de ter oito minutos de duração e nunca ter sido lançada como single. Em 1991, a revista *Esquire* fez alguns cálculos informais e descobriu que o tempo total que ela esteve no ar foi de mais ou menos 44 anos — e isso foi há mais de uma década. Em algum lugar um robô do Clear Channel provavelmente a está transmitindo enquanto você lê estas

---

[76] Robert Gordon, *Led Zeppelin: The Press Reports*. Burlington, Ontário: Collectors Guide Publishing, 1998, p. 260.

palavras. E não é uma surpresa — quando estações de rock clássico revelam suas pesquisas de Top 500, o que ainda acontece com uma frequência alarmante, são grandes as chances de esse clássico comemorar sua vitória. Mesmo nosso desgosto e nossa zombaria são ritualísticos. As paródias burras, o folclore inspirado em *Quanto mais idiota melhor* sobre lojas de guitarra exigindo que os clientes não a toquem, e mesmo o repúdio público de Robert Plant da faixa — tudo isso só confirma a regra. "Stairway to Heaven" não é só a número um. É a *única*, a quintessência, o mais perto que o rock gravado vai chegar do absoluto.

Se alguma canção do Led Zeppelin merece ser chamada de "mito", é ela. Mas o que significa chamar uma música de mito? Até agora, fui preguiçoso demais para definir a palavra, confiando, como o homem disse sobre pornografia, que você vai saber quando vir. É possível definir mito nos termos românticos que provavelmente inspiraram Page e Plant: mitos são grandes histórias que contam verdades poéticas sobre a humanidade e seu papel no cosmos. A "jornada do herói", o monomito popularizado por Joseph Campbell, é um arquétipo muito poético e sem dúvida influencia minha própria visão de Percy e seus passeios pela paisagem de 🜚🜛🜜🜝. Depois de percorrer a "estrada das provações" e encontrar a deusa, o herói atinge o apogeu do "estrondo final" — que Percy vislumbra no alto da escada para o paraíso. Campbell enfatiza que esse ápice acontece no meio do caminho do diagrama da jornada do herói. Depois, ele precisa voltar para a realidade comum e se reintegrar como "mestre dos dois mundos". Esse é o processo de desenvolvimento que Percy não segue: ele quer alturas maiores e deusas mais exuberantes. E vai se arrepender.

No entanto, a mitologia é mais que uma história abstrata ou um código universal. A mitologia também está profundamente inserida na prática humana. Tradicionalmente, os mitos são praticados. Mesmo sua transmissão verbal é uma performance bastante carregada. Ainda mais importante é a relação entre o mito e o ritual. Os rituais, como receber a comunhão ou dançar ao redor de um mastro decorado, executam e sustentam as ficções transformadoras da mitologia tanto quanto a mitologia explica ou demanda o ritual. Se "Stairway to Heaven" é um mito bem-sucedido, então que rituais a sustentam? Que prática mantém a canção que Lester Bangs memoravelmente descreveu como "exuberante como uma floresta de lenços de papel"? A canção em si indica a resposta quando Percy sugere que grandes coisas vão acontecer se nós "ouvirmos com atenção" [listen very hard] e todos "cantarmos a canção" [call the tune]. O rito central de "Stairway to Heaven" foi e continua sendo isto: *ouvir a maldita faixa sem parar*. Quer você selecione um arquivo no seu iPod, quer ligue para sua estação de rádio para votar, quer chame seu parceiro de bobo por ouvir a música "só mais uma vez", a magia peculiar da canção se torna conhecida pela força bruta de todo ritual — a repetição. Mesmo aqueles de nós que não desejamos alimentar o mistério, que mal podemos esperar para essa música ir parar na lixeira da história, continuamos a sentir sua presença na memória auditiva. Superficialmente, essa presença vai contra o famoso argumento de Walter Benjamin de que a reprodutibilidade técnica — responsável por todas aquelas cópias de ⚡🜨🜨🜨 — macula a "aura" da obra de arte. Ainda que Benjamin estivesse falando principalmente das artes visuais, seu argumento funciona para a música também — a magia especial da apresentação ao vivo é dissolvida quando a tecnologia moderna grava e reproduz o evento. No caso de "Stairway to Heaven", a própria banalidade que resulta do impressionante número de vezes que essa faixa foi tocada durante os últimos trinta e tantos anos só ressalta sua terrível majestade, sua estranha atmosfera de *necessidade*.

A "magia" de "Stairway to Heaven" está em um poder ao mesmo tempo mais mecânico e mais fascinante do que o fetichismo mercantilizado discutido anteriormente — o poder de literalmente se tornar parte da nossa mente. O que eu quero dizer é: feche os olhos, procure "Stairway to Heaven" em seu jukebox mental e em seguida abaixe a agulha, o feixe de laser ou seja lá como quiser chamar, sobre a música na sua cabeça. Se você for como milhões de outras pessoas do nosso tempo, poderá reproduzir uma versão razoável dela de cor. Se você a deixar rolar por um tempo, de quebra poderá até fazer algumas associações pessoais — deliciosas *madeleines*, o cheiro pungente de maconha tailandesa ou a promessa de uma carícia sexual adolescente.

Tudo isso é muito simplório, é claro. Todos nós usamos gravações comerciais para tocar nossa alma. Todos conhecemos canções que ecoam, que ficam. Mas raramente invertemos a situação e consideramos a possibilidade de, como escreveu o psicólogo belga do século XIX Joseph Delboeuf, "a alma ser um caderno de gravações fonográficas". A citação de Delboeuf apareceu para mim em um ensaio de Friedrich Kittler, o teórico alemão contemporâneo de mídia mencionado anteriormente. Em seu texto, Kittler sugere que a analogia entre o cérebro e o toca-discos é, como os nerds gostam de dizer, não trivial. Como os sons de um álbum gravado, a memória fisiológica é um produto de algo como uma inscrição, que se dá conforme caminhos neurais associativos são dispostos, aprofundados e reforçados pela repetição e pela recompensa. Kittler sugere que nossa experiência de ouvir um fonograma também simula a transição crucial entre a fisiologia e a consciência: uma agulha percorrendo um sulco não reproduz nada além de vibrações físicas no ar, mas, em nossa mente, essas vibrações se transformam, como que por mágica, na presença significativa de voz e canção. Com o fonógrafo, assim como com o nosso cérebro, nos movemos continuamente entre estímulos e sentidos. Kittler leva a analogia ainda mais longe e pergunta: E se a canção da nossa própria alma, da nossa vida psíquica interior, for simplesmente o resultado da nossa habilidade peculiar de "ouvir" o playback contínuo de gravações entalhadas nos sulcos neurais? É o que ele quer dizer quando descreve o cérebro como um "fonógrafo consciente".

É óbvio que a atividade de autoconhecimento e memória é consideravelmente mais plástica e criativa do que essa analogia sugere. Todavia, nossa habilidade de "ler" faixas do Led Zeppelin de maneira bastante fiel, diretamente dos arquivos internos de nossa memória, prova que, se nosso cérebro for exposto a repetições suficientes, ele pode agir mais ou menos como um fonógrafo ou um toca-fitas. Isso fica bem evidente em lembranças das vozes de amigos e familiares, mas se torna ainda mais óbvio quando gravamos mentalmente faixas existentes, como "Stairway to Heaven". Essa conjuntura, em que a tecnologia de som e a autoconsciência coincidem, é também onde as coisas começam a ficar estranhas. Sobre ouvir gravações familiares, Kittler comenta: "[É] como se a música estivesse se originando no próprio cérebro, em vez de emanar das caixas do aparelho de som ou dos fones de ouvido." A membrana entre o eu e o outro gravado se rompe, "como se não houvesse distância entre a voz gravada e os ouvidos atentos". Quando a faixa finalmente chega até você, ela vem de dentro, mas esse "dentro" não é mais seu. Você está pré-gravado, sua cabeça está cantarolando.

Claro, vírus sonoros — isto é, canções — tentam se infiltrar na sua cabeça todos os dias. E até contaminações bem-sucedidas não fazem mágica. Mil anos de rotações pesadas não seriam suficientes para enfeitiçar "The Piña Colada Song" ou "Ice Ice Baby", sem contar a torturante mulher que ensina a arte de deixar mensagens de voz. As forças que transformam "Stairway to Heaven" em ritual estão dentro da canção, em seu uso carismático das palavras e da música. Não importa como você se sinta em relação a ela do ponto de vista pessoal — eu vou ficar bem se não ouvi-la mais até ficar velho —, "Stairway to Heaven" é a quintessência da feitiçaria comercial do Led Zeppelin. Opto pelo termo "quintessência" de modo bastante consciente — a *quinta essentia*, o quinto elemento. Platão acreditava que a quintessência era um éter invisível que permeava todo o espaço, incluindo astros distantes. Na alquimia, ela passou a ser vista como o espírito animador de todas as coisas, uma faísca viva que podia ser purificada e extraída dos elementos mais básicos, mas estava incutida em todos eles. "Stairway to Heaven" é o ápice de um drama alquímico: a quarta faixa do quarto álbum de um quarteto que conscientemente invocou os quatro elementos. Ela tem cerca de duas vezes quatro minutos de duração e começa, como mais de um autor já descreveu, de maneira "quadrada": com quatro frases famosas, cada uma com quatro medidas de comprimento, que se desenrolam com um charme grandioso livre de síncopes.

Tendo estabelecido todas essas quaternidades, o Led Zeppelin extrai algo *quintessencial* delas ao longo da canção. Como Susan Fast demonstra, a "quadrilateridade" que abre a faixa também esconde "abertura e irregularidade harmônicas e formais" que percorrem a composição e rompem a formalidade estática inicial. Essa essência motivadora conduz Percy — e nos conduz — pelos diferentes estágios da canção, da qual a melhor descrição pertence a Chuck Eddy:

> [A canção é] construída como uma escada, com quatro degraus; a cada degrau subsequente, a música se torna mais alta, e você pode aumentar o volume ou desligar o rádio. Se você escolher o "sim", para chegar ao degrau mais alto, ao altar, vai fazer qualquer coisa.[77]

Minha única questão com Eddy, aqui, é o número de degraus; como você pode imaginar, eu conto cinco deles.[78] Mas não importa. A quintessência da composição está no *sim!*, no consentimento da subida, na aceitação da apoteose de Percy no verso final, quando ele finalmente compreende a unidade de todas as coisas. Aqui, o volume e o tempo produzem uma sensação culminante de *chegada*, mas ainda mais importante é o fato de que, depois do solo celestial da Telecaster de Page, todos os instrumentos tocam em uníssono pela primeira vez na composição. A polifonia e o contraponto que caracterizam a abertura da canção — que entrelaçam melodias distintas e linhas instrumentais separadas — finalmente abrem espaço para um único riff, para uma fusão. A unidade espelha o vislumbre

---

[77] Chuck Eddy, *Stairway to Hell: the 500 Best Heavy Metal Albums in the Universe*. Nova York: Harmony, 1991, p. 13.

[78] São eles: 1 – introdução acústica (0'00"); 2- instrumentos elétricos (2'15"); 3 – bateria (4'19"); 4 – fanfarra/solo (5'35"); 5 – acorde final (6'44").

de Percy na natureza não dual da realidade. Mas também reflete a alquimia que caracteriza os grandes combos do rock: uma sensação de unidade, como o jovem D'Artagnan e os três mosqueteiros. Um por todos e todos por um.

A jornada de "Stairway to Heaven" também progride do acústico para o elétrico, um movimento clássico do Led Zeppelin que, aqui, sugere a passagem de um mundo bucólico encantado para uma zona contemporânea de poder e agressão. Robert Walser afirma que, assim, a canção "combina sensibilidades contraditórias sem reconciliá-las" e é, portanto, "pós-moderna".[79] Não tenho certeza do que Walser está falando aqui. Em toda a sua beleza, "Stairway to Heaven" é volátil; não é uma canção equilibrada, ela *transborda* em direção ao refrão final. Mas pelos padrões do rock'n'roll, o desenvolvimento musical da faixa é bastante orgânico, o que não é exatamente um valor pós-moderno. A transição entre seus degraus relembra uma descrição da composição musical que Jimmy Page deu a um repórter em 1970: "A coisa toda apenas cresce como uma bola, ou algo assim."[80] Como Walser diria, esse organicismo com certeza é uma "ideologia". Na mesma entrevista, Page admite que é "um romântico" com uma queda por ideais pré-rafaelitas. A questão, porém, é que Page é um romântico *realizado*, que "Stairway to Heaven" incorpora a combinação pré-rafaelita de romance medieval e desobediência de regras modernas. "Stairway to Heaven" ressoa, não porque mistura elementos contraditórios, mas porque integra o tradicionalismo

---

[79] Robert Walser, *Running with the Devil*. Hanover, NH: University Press of New England, 1993, p. 158.

[80] Robert Gordon, *Led Zeppelin: The Press Reports*. Burlington, Ontário: Collectors Guide Publishing, 1998, p. 89.

do acústico ao domínio propulsor do pop eletrônico. Durante o riff final, por exemplo, Page dá o ritmo com uma Fender XII de 12 cordas — em vez da Les Paul pesada que se esperaria no clímax, ouvimos um timbre harmonioso, essencialmente acústico. A fanfarra dramática que anuncia a transição para o final elétrico (aos 5'35'') é também provavelmente o elemento mais tradicional da composição. No Ocidente, esses floreios de três notas têm sido usados por séculos para indicar eventos auspiciosos. Tocando esse trecho ao vivo, Jimmy Page enfatizou sua função cerimonial ao apontar sua guitarra de dois braços — que mais parece um alaúde esquisito da Renascença do que um instrumento elétrico do pós-guerra — diretamente para os céus, no gesto mais hierático que temos no rock.

Dito isso, concordo com Fast que a mudança do acústico para o elétrico em "Stairway to Heaven" sugere um movimento de afastamento do tempo mitológico em direção ao presente. E é isso o que acontece com Percy, se você observar o posicionamento de "Stairway to Heaven" na sequência de faixas do álbum. Quando Percy pisa pela primeira vez nas escadas, ele deixa a sabedoria do vale ancestral de Evermore para trás; quando sai delas no final, ele se vê no parque urbano de "Misty Mountain Hop", cercado por maconheiros e policiais. No LP original, evidentemente Percy também teve de passar pelo silêncio para chegar do fim de "Stairway to Heaven" até a próxima canção — o silêncio que se estende, às vezes interminavelmente, entre o fim do lado A e o começo do lado B. Essa ruptura, imposta pela subida vertical da agulha, marca "Stairway to Heaven" como o pico descontínuo da jornada de Percy, e não apenas mais um estágio de sua viagem pelo plano horizontal. Quando ele chega ao topo da escada, os deuses, com o nariz ainda intacto, satisfazem sua sede de viagem ao mostrar-lhe trechos de um drama visionário antes de conceder, finalmente, um vislumbre transcendental de conhecimento.

Podemos passar o dia todo falando da letra. Você ficaria cansado, eu seria processado, e ainda assim não chegaríamos perto de revelar todas as pistas e alusões enterradas no cântico xamã frívolo de Percy. Aquilo é um zoológico. Walser tem um argumento excelente de que as várias imagens, os vários personagens e as questões filosóficas da canção são fundamentalmente fragmentários — evocam o mito sem nos contar nada sobre ele. Para Walser, mais uma vez, isso se torna um gesto pós-moderno — "Stairway to Heaven" é um "texto muito aberto" que "oferece infinitas interpretações". O próprio Robert Plant já afirmou isso quando comentou: "A única coisa que dá a ['Stairway to Heaven'] qualquer poder de permanência é sua ambiguidade."[81] E a letra em si deixa claro que as palavras têm mais de um sentido, que você sempre pode mudar independentemente do caminho (interpretativo) em que estiver. Mas nada disso explica por que o conto de fadas fragmentário do Led Zeppelin *ecoa* enquanto tantos pastiches pós-modernos oferecem pouco mais que um pequeno ruído de referencialidade irônica.

Uma pista está na história que Plant contou sobre a composição da letra. Page levou os elementos da melodia mais ou menos finalizados para Headley Grange, e uma noite, sentado diante da lareira com um humor relativamente amargo, Plant pegou um papel e uma caneta e as palavras escorreram dele com uma facilidade antinatural. "Havia alguma coisa se manifestando e dizendo 'vocês estão bem, mas, se quiserem fazer alguma

---

[81] Robert Gordon, *The Making of* 🜍 🜎 🜏 🜐. Burlington, VT: CG Publishing, 1996, p. 48.

coisa atemporal, aqui está um presente de casamento'."[82] A razão por que Plant fala em casamento não fica clara. Quem está casando com quem? Em todo caso, ele dá a letra nas mãos de um agente externo, um espírito criativo. Thomas Friend vai dizer que esse espírito é um demônio, é claro, enquanto outros podem invocar o haxixe marroquino ou a peculiar habilidade do vocalista de se "automitologizar". Não importa. O que o conto de Plant articula é o sentido "mítico" de que, por trás dos fragmentos da letra, nos bastidores, algo misterioso está nos chamando. Esses fragmentos líricos estão alinhados de modo que, como as constelações do céu noturno, eles sugerem padrões que atraem a nós e a Percy para mais fundo na escuridão. É por isso que Percy quase desaparece como personagem na canção. Sentimos seu *Wanderlust*[83] familiar quando ele olha para o oeste e sente um anseio gnóstico de "partir". Mas, nesse ponto, seu desejo o tornou um receptáculo vazio para forças maiores, para uma capacidade visionária além de sua compreensão.

Concordo com Friend que a Dama que encontramos no começo da canção não é a deusa que emana luz no final, embora a segunda possa ser a transfiguração da primeira. Em vez disso, a primeira dama é uma espécie de "alma universal", a centelha em todos nós. Nisso, ela lembra a figura gnóstica de Sofia, o poder feminino exilado que precisa voltar ao céu, cujo nome significa conhecimento e cuja figura está associada ao "saber". Sua escadaria é claramente uma ponte entre mundos, um símbolo que o estudioso das religiões Mircea Eliade liga a ideias de santifica-

---

[82] Ritchie Yorke, *Led Zeppelin: The Definitive Biography*. Novato, CA: Underwood-Miller, 1993, p. 137. Em seu livro sobre o álbum, Gordon cita Plant usando a expressão "música de casamento".
[83] *Wanderlust* é um termo que vem do alemão e designa o desejo incontrolável de viajar. [N.E.]

ção, morte e liberação. Dessa maneira, a jornada indicada nas primeiras duas estrofes é uma jornada gnóstica pela vida após a morte. Estou correndo um risco aqui, mas é a única maneira pela qual consigo explicar a curiosa substituição de palavras que Robert Plant faz em muitas performances ao vivo da canção, incluindo em *The Song Remains the Same*, e no DVD de 2003. Durante a primeira estrofe, ele diz com bastante clareza: "If the *stars* are all closed" [Se as estrelas estiverem todas fechadas].[84] Os ouvintes das versões piratas sabem que Plant às vezes mudava as letras ao vivo, lançando palavras alternativas e alterando sua dicção. Mas eu escuto algo mais profundo na afirmação de que, se as "estrelas" estão fechadas, então "uma palavra" ainda pode fazer a Dama conquistar seu objetivo.

As raízes da tradição gnóstico-hermética, incluindo a Ordem do Amanhecer Dourado e o thelema de Crowley, ficam no Egito. E a raiz da religião egípcia é a morte e a magia. Por volta de 2300 a.C., no final da quinta dinastia, os escritos hieroglíficos surgiram pela primeira vez nas paredes internas das pirâmides construídas para abrigar os faraós mortos na grande necrópole de Saqqara. Esses conjuntos de feitiços e orações, conhecidas pelo nome apropriado de Textos das Pirâmides, são dedicados a fornecer ao faraó morto os encantos e as instruções necessárias na angustiante jornada para o outro mundo. O objetivo do faraó era alcançar o paraíso das "estrelas inextinguíveis", onde ele compartilharia a vida eterna do deus-sol Rá, embora eventualmente o local tenha sido tomado por Osíris, o cônjuge morto e ressuscitado de Ísis, a Rainha da Luz. O faraó tinha muitos caminhos para percorrer nessa jornada, mas uma rota certeira descrita nos textos era uma escadaria ou escada de mão —

---

[84] Plant faz essa mudança na maioria das versões piradas que já ouvi.

talvez a primeira escada para o céu no mundo da religião, sem contar as próprias pirâmides. Uma vez que o faraó iniciasse sua subida, ele enfrentaria vários obstáculos e moradores malignos do limiar entre mundos. É aqui que a mágica entrava, porque apenas as palavras e os feitiços corretos permitiriam que ele fizesse a passagem.

Dois milênios depois, o símbolo da escadaria para o céu reapareceria em alguns cultos misteriosos e seitas gnósticas da Antiguidade tardia. Um dos símbolos centrais do culto misterioso de Mitra — um rival poderoso do Cristianismo nos últimos séculos da Roma pagã — era uma escada de mão com oito degraus. Os sete primeiros, assim como os sete metais diferentes que os compunham, eram associados aos sete planetas, ou às "estrelas vagantes". Naquela época o cosmos era amplamente considerado uma espécie de cebola, com a Terra no centro e cada camada superior regida por um dos planetas. Depois desses sete paraísos ficava o empíreo, o oitavo "degrau" de astros fixos. Esse modelo era interpretado de diferentes maneiras, mas para muitos gnósticos os governantes planetários eram essencialmente demoníacos: eles aprisionavam a alma através do mecanismo do destino, um sistema opressivo de controle astral que chegou até nós na atualidade pela tradição mais sutil da astrologia. Como o faraó egípcio, o gnóstico se preparava para a morte aprendendo os feitiços apropriados que permitiriam que ele enganasse os vários personagens chefes e os portais que esse jogo cósmico colocava entre ele e o mais alto dos céus. Em outras palavras, se os portões desses mundos estelares estivessem fechados, uma palavra podia abri-los. Em "Stairway to Heaven", quando a dama pronuncia sua palavra mágica a cena muda, adentramos a paisagem "celta" de florestas, sebes e tocadores de gaitas de fole que vão dominar a canção até seu final. Com essa passagem, a palavra da dama se torna canção.

O místico que há em mim gosta dessa leitura gnóstica da escadaria da dama. Mas ela não dá conta do aspecto mais notável desse deslize de Plant entre "stars" [estrelas] e "stores" [lojas]: que a jornada astral da dama é um empreendimento comercial. Essa pode ser a mistura mais estranha do disco todo: banhado em uma atmosfera acústica que irradia uma nostalgia bucólica, Percy canta sobre fazer compras. A dama nem tenta fazer um escambo; ela *compra* a escadaria. Tom Friend insiste que ela paga com sua alma imortal, é claro, mas essa fantasia satânica deixa escapar o verdadeiro "mal" dessa aquisição herética: sua completa banalidade. Nossa cultura comercial moderna desencantou o mundo ao reduzir toda possibilidade de valor — "all that glitters" [todos aqueles brilhos] — a um único padrão de ouro (que nem é mais ouro). Tudo tem seu preço: a magia celta, os mapas bardos, o êxtase místico. Tudo faz parte de um mercado. Então a dama compra sua escada, pronuncia a palavra e consegue um pássaro canoro que canta, assim como um disco que toca. Pode ser assim tão simples? A escadaria para o céu que a dama compra é apenas... um exemplar de "Stairway to Heaven"?

Essa autorreferência ajuda a explicar uma característica fundamental da letra da canção: a persistência de imagens que envolvem música, vozes, audição e som. Ouvimos um pássaro canoro e um riacho, enquanto Percy de alguma forma "vê" vozes, então ouvimos sussurros sobre alguma canção que devemos cantar e depois encontramos um flautista que, ao que parece, vai comandar uma floresta que sorri. Conforme os versos avançam, Percy também muda seu foco do "eu" para "nós" e finalmente a "você", à "querida dama". Ele diz a ela que o murmúrio em sua cabeça não vai desaparecer porque o flautista continua a chamar por "você". Em muitas apresentações ao vivo, entretanto, surge uma história diferente. Na performance em Earls Court gravada em DVD, por exemplo, Robert Plant fala diretamente aos ouvintes da canção, quando canta-diz: "Dear people, can you hear the wind blow?" [Queridas pessoas, vocês conseguem ouvir o vento soprar?] Os olhos dele ardem como um querubim selvagem, e ele abre os dedos da mão direita enquanto nos conta um segredo: "*Our* stairway lies on the whispering wind." [*Nossa* escada fica no vento sussurrante.] Então nos damos conta de que o vento a que ele se refere está soprando da pilha de amplificadores Marshall e que a escada é feita da canção e do som que nos envolvem, nos levando para cima e para a frente. E é exatamente aí que a fanfarra resplandecente de Jimmy emerge.

E então, a menos que tenhamos entrado clandestinamente no show ou pirateado o DVD, nós *compramos* essa escada. A questão é óbvia, mas crucial: os êxtases murmurantes e os saltos míticos do rock em direção à autenticidade estão inseridos na matriz comercial e tecnológica da cultura midiática. Inserida na imagem medieval do flautista de Percy está uma expressão do mercado moderno: aqueles que pagam ao flautista é que dão o tom da canção. O músico não está tomando todas as decisões, nós exercemos controle porque damos ao Led Zeppelin nosso dinheiro. Se paramos, eles param. Mas essa economia de prestação de serviço não impede a gnose, pelo menos dentro do mundo virtual da canção. É disso que tratam a fanfarra e o final da música. Como Walser acerta em apontar, solos de guitarra de heavy metal muitas vezes exprimem a transcendência sobre e contra a opressão criada pela bateria, que "organiza e controla rigidamente o tempo". O som da Telecaster de Page evoca essa transcendência aqui, sem necessariamente proporcioná-la. Mas a verdadeira apoteose está no riff final, quando "nós" nos juntamos a Percy enquanto ele percorre a estrada musical, rumo ao momento perfeito em que todos são um e um são todos. Esse lampejo é o objetivo de todo o anseio místico: a consciência da não dualidade, a compreensão total, o molho secreto da Grande Enchilada.

Esse não dualismo é bem corriqueiro para os místicos hippies, no entanto. Muito mais curiosa é a esquisitice gnóstica que pode estar no verso seguinte: "to be a rock and not to roll".[85] De início, esse verso parece mais um jogo de palavras engraçadinho de Plant. Mas, mais uma vez, é justamente a banalidade que deve nos alertar que estamos perto de algo importante, e estamos próximos — se um místico contemporâneo chamado Michael Hoffman for digno de confiança — de um *insight* bastante revigorante da natureza da realidade. Influenciado pelo cristianismo esotérico e pela letra de Neil Peart para o Rush, Hoffman oferece, em seu enorme e abrangente site Ego Death, uma visão espiritual de determinismo absoluto. Ele acredita que o cosmos é uma massa imutável de espaço--tempo, um *continuum* totalmente fixo que Hoffman chama de "universo em bloco". Vivemos vidas totalmente predeterminadas, como agulhas seguindo o sulco de um LP. O que o vislumbre gnóstico oferece é uma experiência direta desse universo, e o reconhecimento de que a nossa noção ordinária de intervenção e controle é uma ilusão cibernética. Hoffman de fato acredita que haja uma toca de coelho para sair dessa Matrix, ainda que seja bastante estreita. A redenção está em aceitar por completo a vontade divina que cria esse universo em bloco, uma experiência

---

[85] O verso é um trocadilho com rock'n'roll, e a tradução seria "ser uma rocha e não rolar". [N.T.]

de liberdade transcendental cujo espelho Hoffman encontra no cristianismo gnóstico, em doses heroicas de alucinógenos e em algumas letras do rock — incluindo "Stairway to Heaven". Este é o objetivo: matar o nosso ego e sua falsa sensação de movimento por um mundo de escolhas — em outras palavras, ser uma rocha e não rolar.[86]

Nem é preciso dizer que a visão de Hoffman não é a interpretação cristã predominante de "Stairway to Heaven". Que tais interpretações persistam até hoje é outro sinal do sentido teológico dessa composição. Em seus covers relativamente recentes da canção, tanto Pat Boone quanto Dolly Parton substituíram os últimos versos por uma fala religiosa convencional, e Boone chegou a oferecer esta versão trinitária: "When three in one is all in all" [Quando três em um é absolutamente tudo]. Mas para leituras cristãs mais extremistas, precisamos mais uma vez recorrer a Thomas Friend, o inquisidor mais articulado e estudioso do Led Zeppelin. Em *Fallen Angel*, Friend argumenta racionalmente que, se a banda de fato faz um proselitismo satânico, então seu satanismo vai se mostrar aqui, em sua canção mais popular. Friend começa sua exegese com o personagem vagamente agourento do flautista. Ele cita Ezequiel 28, no qual o profeta afronta o príncipe de Tiro, convencionalmente interpretado como uma imagem de Lúcifer. Ezequiel enumera todas as honras de Deus concedidas ao anjo antes de se rebelar, incluindo a incrível "manufatura de vossos tamboretes e de vossas flautas". Tamboretes são tamborins, como aquele que Plant muitas vezes tocava ao vivo em "Stairway to Heaven", ou o preferido por Tracy em *A família Dó Ré*

---

[86] Talvez seja esse o estado que Crowley descreveu em seu registro de um encontro movido a haxixe com o Anjo Guardião: "Nos livramos do movimento, mas a matéria permanece."

Mi. Friend em seguida faz uma conexão entre a flauta de Ezequiel e um ser astral que Aleister Crowley descreve em *The Vision and The Voice*, o registro experimental de Master Therion sobre vislumbrar os chamados enoquianos de John Dee. Depois de entoar o 22º Aethyr, LIN, Crowley encontra um ser audiovisual extasiado:

> Esse anjo tem todas as cores misturadas em suas vestes; sua cabeça é bela e imponente; seu adereço de cabeça é prateado, vermelho, azul, dourado e preto, como cascatas d'água, e em sua mão esquerda ele tem uma flauta de pã dos sete metais sagrados, que ele toca. Não posso dizer quão maravilhosa a música é, mas é tão maravilhosa que você só vive em seus ouvidos, e não vê mais nada.[87]

Observe esses sete metais: eles não só aludem aos setes metais planetários da escada da iniciação mitraica, como também estão dispostos em degraus na flauta de pã, que é, por si só, uma espécie de escada. Pã é a divindade grega mais excitada sexualmente — um deus da natureza, das matas e montanhas, que tocava música quando não estava atracado com ninfas ou farreando com Dionísio. Com seus chifres, patas de cabra e olhar lascivo, Pã ajudou a dar forma à imagem cristã do diabo, e Friend não choca ninguém quando afirma que o amigo enoquiano de Crowley é, na verdade, Lúcifer. No entanto, mesmo os leitores familiarizados com os modos febris dos militantes anti-rock podem se surpreender ao ficar sabendo por Friend que a música maravilhosa desse ser, que Crowley ouviu em 1909, é na verdade "Stairway to Heaven".

---

[87] Disponível em: http://www.hermetic.com/crowley/l418/aetyr22.html. Acessado em outubro de 2004.

É claro que se Aleister Crowley tivesse encontrado Lúcifer nos reinos astrais, ele seria o primeiro a falar sobre isso. Na verdade, a visão de Crowley diz respeito ao poder demoníaco da música, à sua capacidade de transportar, transmutar e encantar as pessoas. É isso que o flautista representa, seja o flautista de Hamelin, o sátiro Pã ou o Flautista dos Portões do Amanhecer — o deus da floresta sem nome que encanta Rat e Mole no profundamente satânico *The Wind in The Willows*, de Kenneth Grahame. O flautista seduz pela música, um mistério erótico que nos envolve em sua selvageria. Para românticos bucólicos como Grahame, a selvageria está associada à natureza, ao charme elementar de uma terra ainda capaz de absorver a modernidade desraigada em sua carne sublime. A aparição do flautista em "Stairway to Heaven" não só indica a crença romântica do Led Zeppelin em tal poder pagão, mas também sua tentativa — bem-sucedida, é preciso dizer — de liberar o feitiço e de refletir sobre o processo musical do encantamento em si.

Assim, a visão satânica de Friend do flautista representa mais do que uma derivação iconográfica de Pã. Ver o flautista como Satã é também recusar o êxtase da música, uma recusa que vem em parte da ideia paranoica de controle e intervenção que, como Hoffman sugere, bloqueia nosso acesso à liberdade transcendental — uma liberdade que às vezes surge quando simplesmente nos submetemos à batida. O divino não tem nada a ver com isso: tal êxtase é nosso direito *natural*. Todos os fãs apaixonados por música conhecem essa viagem, esses momentos em que "só se vive nos ouvidos". Sinto pena daqueles que vivenciam essas fusões de prazer e transcendência como ameaças, e não como razões para viver. Contudo, Friend não está totalmente errado, existe um quê de sombrio nesse êxtase, assim como em todas as dissoluções genuínas do eu. Estamos certos em invocar a grande metáfora do sobrenatural. Quando William Burroughs viu o Led Zeppelin ao vivo, o show o fez se lembrar da música de transe do deus-cabra que tinha visto nas montanhas do Marrocos, e ele nos alertou que performances como essa "devem tocar as fontes da energia mágica, e isso pode ser perigoso".[88] Mas o autor também comparou "Stairway to Heaven" a uma peça escolar de fim de ano. Lá se vai o medo da música.

O mito sobrenatural mais sombrio sobre a canção mais mítica do Led Zeppelin diz que, se você tocar o disco ao contrário, vai ouvir mensagens satânicas nos vocais de Robert Plant. A ideia de que alguns discos de rock contêm mensagens "ocultas" vem desde "Revolution 9", dos Beatles, que supostamente escondia um anúncio invertido de que "Paul estava morto". Até onde sei, os cavaleiros cristãos anti-rock entraram nessa onda em 1981, quando um ministro de Michigan chamado Michael Mills foi à rádio cristã com a notícia de que expressões como "mestre Satã", "sirva-me" e "não há como escapar" estavam escondidas no hit do Led Zeppelin. Observando com amargura que as palavras "certamente têm dois sentidos", Mills argumentou em um programa que a "mente subconsciente" podia ouvir esses termos, e que por isso os roqueiros pecadores os haviam colocado ali. Logo as mensagens ocultas se tornaram o pânico satânico do momento, dando aos cristãos paranoicos provas técnicas de que bandas de rock como o Queen, o Kiss e o Styx (!) de fato tocavam a música do demônio. Mesmo que a maioria das pessoas, cristãs ou não, tenha achado isso bastante bobo, esses receios refletiam

---

[88] William Burroughs, "Led Zeppelin Meets Naked Lunch", in: *Very Seventies*, Peter Knobler e Greg Mitchell (orgs.). Nova York: Simon & Schuster, 1995, p. 125.

medos mais difundidos, como o de que a mídia tinha se tornado um senhor dos fantoches subliminar — medo esse que viria a inspirar boa parte do metal dos anos 1980.

Em retrospecto, o que mais se destaca na polêmica das mensagens ocultas é a imagem maravilhosa de todos esses pregadores mexendo em toca-discos. Ainda que se possa duvidar de que o pastor Mills estivesse andando com o Grandmaster Flash ou o DJs Kool Herc, tanto rappers quanto cristãos evangélicos reconheceram que a música popular é uma inscrição material, que pode ser fisicamente manipulada para abrir novos vetores de sentido e expressão. Tanto para os evangélicos quanto para os DJs do rap, o disco de vinil não era um veículo transparente de uma performance ao vivo, mas uma fonte de matéria musical em si mesma, um espaço material de códigos, mensagens em potencial e deformações de tempo. Além das inovações mais cinéticas e rítmicas introduzidas por artistas do scratch como o DJ Grand Wizard Theodore, também devemos falar da "discotecagem cristã" — lenta, profundamente desprovida de ritmo, obcecada com "mensagens" linguísticas. Alguns programas de TV cristãos do começo da década de 1980 chegaram a exibir imagens da mesa de DJ do pastor para que os espectadores pudessem admirar a técnica de extrair sentido do som. No entanto, enquanto o rap e toda a música sampleada que veio em seguida trata o vinil como uma mídia aberta que pode ser usada de múltiplas formas, os adeptos da discotecagem cristã se mantiveram *literalistas*, convencidos de que estavam revelando uma única mensagem "fundamental" implantada intencionalmente na música por um compositor diabólico. Infelizmente, em se tratando de "Stairway to Heaven", esses DJs de Jesus não conseguiam concordar a respeito do conteúdo exato das mensagens insidiosas do Led Zeppelin. Mais uma vez, a ambiguidade venceu.

Na época, Swan Song, o selo da banda, reagiu ao alvoroço com a seguinte declaração de seus responsáveis: "Nossos toca--discos só giram em uma direção." Os ocultistas que acompanhavam a polêmica também se manifestaram, apontando que a primeira pessoa a tocar discos ao contrário intencionalmente foi ninguém menos que Aleister Crowley. Em uma das primeiras edições de *The Equinox*, Crowley argumenta que um mágico aspirante deveria "se treinar para pensar ao contrário por meios externos". Ele faz algumas sugestões: aprender a andar para trás, falar ao contrário e "ouvir discos ao contrário".[89] Todas essas inversões remetem à fantasia original por trás do medo das mensagens ocultas satanistas: o pai-nosso invertido, um elemento-chave da missa negra que os inquisidores da Renascença quase com certeza inventaram a partir dos gritos de suas vítimas de tortura. Mas, na verdade, Crowley está sendo muito mais metódico aqui. Buscando preparar o aspirante para o ato aterrorizante de "atravessar o abismo", ele quer que o mágico quebre o molde do pensamento habitual e, de uma maneira racional influenciada pela meditação budista theravada, entenda as cadeias causais que fazem o "eu" emergir. Em todo caso, Crowley acreditava que a consciência comum podia ser subvertida e expandida por meio da manipulação técnica de fonogramas e filmes, e ele escreveu sobre isso em 1912. Não é de admirar que Jimmy Page tenha descrito Crowley como o único eduardiano a abraçar o século XX; ele era um hacker desde o começo.

Então o que acontece quando aceitamos o conselho de Crowley e começamos a tocar os discos do Led Zeppelin ao contrário? Se você pegar uma mesa Technics ou um software de som

---

[89] Disponível em: http://www.the-equinox.org/vol1/no7/eqi07015.html. Acessado em outubro de 2004.

decente e inverter os versos centrais de "Stairway to Heaven", provavelmente vai ouvir o som arrastado e ruim que imagina. Mas se as passagens apropriadas forem isoladas adequadamente, e você estiver motivado de antemão, então é provável que você ouça coisas como "Here's to my sweet Satan" [Essa é para o meu doce Satã] ou "There's no escaping it" [Não há como escapar]. Eu certamente ouvi, ainda que as frases tenham, de fato, soado mais como "Yish tomai swee Zaydn" e "Hair-airs no esgaybin id". Estranho, sim, mas provavelmente nada além do que o músico e escritor britânico Joe Banks chama de "Rorschach em áudio". Banks desenvolveu o termo para explicar o Fenômeno Eletromagnético de Voz, ou EVP(na sigla em inglês), uma exploração ocultista de tecnologia de áudio que começou a ser levada a sério nos anos 1950. Os investigadores do EVP acreditam que se você gravar frequências de rádio vazias ou passagens silenciosas em mídia pré-gravada e depois ouvir essas gravações com atenção, vai acabar encontrando vozes desencarnadas tradicionalmente atribuídas aos mortos. Algumas gravações de EVP realmente soam bem assustadoras. Mas Banks afirma que nosso cérebro é excelente em projetar padrões em dados ambíguos, em particular quando "especialistas" nos preparam dizendo antecipadamente que "mensagens" estamos prestes a ouvir — um elemento consistente tanto nos EVPs quanto nas apresentações de mensagens ocultas.[90] É, mais uma vez, a lição do encarte de Colby: as vozes, as mensagens, estão na sua cabeça.

Algumas palavras específicas nas supostas mensagens escondidas em "Stairway to Heaven" realmente parecem se

---

[90] Se procurar essas gravações on-line, você pode tentar ouvi-las primeiro sem saber o que significam. Elas podem ser encontradas em http://www.triplo.com/ev/reversal/.

revelar de maneira mais ou menos objetiva, mas isso pode ser explicado pelo fenômeno da inversão fonética. Os fonemas são as menores unidades sonoras de uma língua, e quando você os inverte, cria combinações totalmente diferentes de sons. Inevitavelmente, algumas dessas novas combinações vão se encaixar e parecer fazer sentido sem nenhuma manipulação adicional. Esse efeito foi demonstrado de modo convincente pelo maníaco por Led Zeppelin por trás do site Achilles' Last Stand, que pegou o verso mais convincentemente reversível da gravação original — aquele sobre mudar a estrada em que você está — e o sampleou de 12 gravações ao vivo, quase todas piratas. Então ele inverteu os samples, *et voilà*! Doze saudações meio assustadoras a "mai swee Zaydn".[91] Não foi necessária nenhuma engenharia subliminar, apenas uma coincidência fantástica de fonemas. Mas não devemos zombar do fantástico, nem aqui nem em qualquer outro lugar. O fato é que, em menos de dois minutos de audição, "Stairway to Heaven" contém pelo menos sete frases invertidas de uma natureza sugestivamente demoníaca, incluindo quatro menções a Satã, Seitan, Sadie, ou algo assim. Além do mais, esses simulacros sonoros estão enterrados em uma faixa sobre flautistas e sussurros, e sobre ouvir atentamente; uma canção que, por um período, dominou o mundo. Não estou dizendo que forças supernaturais estejam em atividade. Estou apenas afirmando que isso faz você pensar.[92]

---

[91] Disponível em: http://www.led-zeppelin.org/multimedia/sweetsatan. html. Acessado em setembro de 2004.

[92] Aqui, há um trocadilho com a letra da música. "Isso faz você pensar" é a tradução para "It makes you wonder", verso que se repete diversas vezes na letra de "Stairway to Heaven". [N.T.]

V. Wandering and Wondering

"Misty Mountain Hop"
"Four Sticks"

Quando os pés de Percy tocam pela primeira vez os sulcos do lado B, ele se vê de volta ao mundo real ordinário. Ele voltou do reino dos mitos vivos e das visões gnósticas, mas sua sede por viagens não mudou. O tempo é comum, "só mais um dia"; o lugar é só um parque — talvez o Hyde Park, ou o Panhandle, em San Francisco. Ele está fazendo um passeio, seu passo ao mesmo tempo determinado e sem rumo, quando encontra uns malucos enfeitados com flores, acampados, sem dúvida de modo descuidado, em uma área pública. Já que é 1970, os malucos vendem alguma droga para ele. Exatamente que drogas eles oferecem não fica claro, mas dada a letra confusa e o estrondo da melodia, pode-se suspeitar que seja um baseado.

Para uma banda tão comprometida com visões, o Led Zeppelin faz relativamente poucas referências, líricas ou musicais, a drogas. Com exceção do surto eletrônico em "Whole Lotta Love", é raro encontrar um tom explicitamente "psicodélico" e, ainda que Jimmy Page de fato anuncie sua fixação com opioides em seu figurino de palco provocante, a maconha parece ter sido a planta — ou Plant — mais importante para a banda, como guia. Antes de entrar para o Led Zeppelin, o vocalista apareceu em uma foto do *Daily Mail* numa passeata pró-*cannabis* em Midlands; durante apresentações ao vivo, ele costumava fazer referências ao haxixe, ou acrescentava "Acapulco" ao verso de "Over the Hills and Far Away" sobre um "bolso cheio de ouro" [pocket full of gold]. Mas "Misty Mountain Hop" não chega a romantizar as drogas; aliás, a canção parece contrastar as viagens visionárias de Percy, que aparecem em outros momentos do disco, com os prazeres ordinários e as dificuldades da cultura hippie das drogas, seus vínculos tribais frouxos e as inevitáveis complicações com a lei. Na verdade, ao fim da faixa, Percy parece ter se desencantado com toda aquela cena, as confusões e os malucos intrometidos. Então ele faz as malas para desbravar outros campos, nos cumes místicos enevoados, inquieto mais uma vez.

O ritmo intenso de Percy é incorporado perfeitamente pelo riff explosivo, mais uma vez fornecido por Jones, dessa vez no teclado. Como Steve Waksman apontou, as quatro canções do lado B de ⚡🜚☯① são um espelho rudimentar do lado A: duas faixas de rock abrem o show, seguidas por uma balada e uma composição épica. Eu também sugeriria que, se o lado A representa a jornada interior do herói, da luxúria à gnose, o lado B representa o mundo externo, seus prazeres e tensões. Em comparação com o riff contido e grudento de "Black Dog", "Misty Mountain" é exibida e excitante, com uma descida simples quase irritante em sua repetição autoindulgente. Ela certamente soa como um passeio, no entanto. Quando você faz uma caminhada, seus pensamentos dispersos voltam regularmente aos movimentos físicos de seu corpo. Da mesma forma, esse riff volta para o palco central, se misturando tanto ao refrão quanto à estrofe. Como Mr. Natural, ele segura a onda.[93] Bonham mantém a consistência, e esse poder aplicado com equilíbrio resulta em força sem ansiedade — tanto melhor para dar início aos momentos em que ele freia o fluxo das batidas por alguns compassos, simbolizando, talvez, os obstáculos no caminho de Percy.

O principal obstáculo aqui é um policial, que faz uma inesperada aparição nesse álbum mítico. O que ele está fazendo aqui? Por um lado, o Led Zeppelin está se rebaixando imaginativamente ao tipo de gente que compõe sua legião de fãs; uma cena cuja sede por hedonismo livre de complicações invariavelmente vai contra o sistema. Mas o policial que aparece para Percy e seus novos amigos — com bastante educação, é preciso dizer — é mais do que um personagem comum da comédia hippie. Ele também representa a autoridade e a lei. Ele é o avatar, no plano mundano, das forças do juízo que empunham suas espadas em "The Battle of Evermore". Lembre-se da pena de Ma'at no sigil de Plant, não uma figura de coisas vazias e aéreas, mas do juízo final da alma. O policial da canção estoura a bolha de utopia entorpecida, não só porque a polícia é chata, mas porque a lei — os poderes terrenos que os gnósticos chamam de arcontes — tem domínio sobre esse rock triste que nos cerca. E como ele próprio admite, Percy de fato não sabe muito bem o que está acontecendo, e todo o THC no seu organismo não deve estar ajudando. Mas ele sabe que para fugir da chatice do mundo é preciso mais do que simplesmente desitir.

Para viver fora da lei cósmica, você não deve só ser honesto — precisa seguir uma lei interior. Ouvi isso por anos sem prestar muita atenção à letra; o único verso que realmente se destacava

---

[93] Mr. Natural é um personagem dos quadrinhos criado por Robert Crumb nos anos 1960 cujo bordão era "keep truckin'". [N.T.]

era a ordem de Percy para que você se olhe no espelho e descreva o que vê, para depois decidir se gosta ou não. Esse verso ecoa uma mensagem que veteranos espirituais malucos me passaram, que dizia que a profunda auto-observação é o começo da liberdade. Claro, provavelmente Percy só está implicando com sua garota, reclamando por ela não ser tão inquieta quanto ele — essa inquietação que ele confunde com sabedoria. É difícil saber; Percy está bem fora de si. Por um lado, ele quer que você abra os olhos para a dura realidade da rua, do mundo e de nós mesmos. Por outro, ele trata tudo como "apenas um estado de espírito". Esse é o tipo de filosofia que contém verdade suficiente para causar problemas a nós e com certeza à maior parte dos hippies. De todo modo, a confusão de Percy reflete um dos grandes problemas da religião gnóstica da contracultura e suas experiências espirituais (ou sua simulação farmacológica): as experiências passam. Você ouve o canto místico da unidade, da "pedra que não rola", mas em seguida está de volta, insatisfeito e divagando, se soltando das antigas amarras, mas confuso quando a dura realidade acende um farol na sua cara.

No primeiro lado do álbum, Percy se deparou com o mito e o mistério inesperadamente, abençoado com uma espécie de encanto dos tolos. Então, já sabendo como as coisas funcionam, ele *conscientemente* decide voltar para as "Misty Mountains". Essa intenção traz o problema do escapismo. Em um nível, as "Misty Mountains" representam simplesmente a sedução da fantasia. Como uma das características geológicas mais memoráveis em *O Hobbit* e *O Senhor dos Anéis*, as montanhas abrigam o Shambhala élfico de Valfenda enquanto escondem um mal terrível em seus interiores sombrios. Voltar a elas é como botar para tocar um álbum do Led Zeppelin mais uma vez e viajar para dentro dos fones de ouvido e através das "colinas" do som, com ou sem um "punhado de ouro" no *bong*. Mas essas brumas estão no limite da mística — como muitos escapistas, Percy espera que seu conto de fadas o leve para mais longe do que uma fantasia, abrindo zonas sagradas onde os espíritos possam voar. Ele espera encontrar um paraíso no ar, um caminho espiritual muito distante da rua "lá embaixo". É o que ele quer, mas tudo o que *sabe* é que caiu na estrada mais uma vez. Sua única esperança está naquele trecho de *A Sociedade do Anel* que de vez em quando ainda é visto no parachoque de vans Volkswagen dilapidadas, uma frase cuja relevância, para esse disco, está no dístico: "Nem todo ouro brilha/ Nem todos aqueles que vagueiam estão perdidos."

To Trip Is Just to Fall

"Four Sticks" é a canção mais estranha, exótica e, de longe, a menos agradável de ⚙ 🔱 🔯 ①. Ainda que alguns idiotas elejam "The Battle of Evermore" como a ovelha negra do álbum, eu costumava considerá-la a faixa a ser pulada. A métrica estranha parecia forçada, o riff, irritante, os vocais de Plant extremamente comprimidos soam espremidos e muito cheios de "baby". Especialmente enervante é o solo do sintetizador Moog arfante que Jones faz aos três minutos da faixa. Embora o músico faça um excelente trabalho levando o instrumento a um alcance microtonal, é parecido demais com o aterrorizante solo de Keith Emerson que fecha a canção de 1970 de Emerson Lake & Palmer, "Lucky Man", para nos sentirmos confortáveis com a situação.

Só mais tarde me dei conta de que "Four Sticks" *deveria* soar assim. Assim como as experimentações de Jimmy Page com o teremim ao vivo e, até certo ponto, com o arco do violino, "Four Sticks" carrega um tanto de vanguarda experimentalista escondida em um rock à base de riffs vagamente psicodélicos. Essa é a coisa boa sobre a música experimental: tudo bem criar coisas que soam pesadas, claustrofóbicas ou repetitivas, contanto que isso atenda a um propósito musical ou conceitual maior. O propósito de "Four Sticks" é refletir a depressão espiritual que recai sobre Percy quando sua jornada para chegar às montanhas místicas o leva, em vez disso, a uma paisagem noturna de sonhos destruídos. "Four Sticks" é claramente uma canção de busca; além da necessidade de Percy de escapar, o riff principal *ascende*, em contraste com o salto descendente de "Misty Mountains". Percy está subindo a colina, rumo ao reino da consciência superior. Mas é assombrado por corujas e se perde entre os pinheiros — um lugar onde, como Bill Monroe nos faz lembrar em uma "antiga" gravação de bluegrass, você não quer passar muito tempo: "In the pines, in the pines/ Where the sun never shines/ and we shiver when the cold wind blows" [Entre os pinheiros/ entre os pinheiros/ Onde o sol nunca brilha/ E sentimos um calafrio quando o vento frio sopra].

"Four Sticks" é a Noite de Santa Valburga[94] de 🎸 🜍 ⊕ ①, o primeiro indício de que a jornada do nosso herói é uma espiral descendente e que ele não está mais indo em direção ao paraíso, e sim ao Estige.[95] Percy começou sua jornada assombrado e, apesar de seus insights gnósticos anteriores, se mantém assustado. Ele não consegue integrar sua experiência,

---

[94] Festa tradicional cristã associada a ritos pagãos, na qual é de costume fazer uma grande fogueira para afastar os espíritos malignos. [N.E.]
[95] Na mitologia grega, Estige é o rio pelo qual os mortos passam para fazer sua travessia ao mundo dos mortos. [N.E.]

mas continua querendo mais. Além da ave noturna e das árvores misteriosas, há um rio vermelho correndo por sua cabeça — uma imagem que remonta ao espectro escarlate que se alojou em sua cabeça durante "Black Dog". As fantasias baratas que o alimentaram no passado não têm mais a mesma força, enquanto escudos e tradições desabam diante da sua marcha de violência contemporânea. Emocionalmente, ele está destruído. Em vez de encontrar um pote de ouro, Percy descobre o que Chuck Eddy chama de "a esteira ao final do arco-íris". Apesar de querer se afastar de sua garota, ele passa o tempo todo chamando por ela.

Na maior parte do tempo nem entendemos o que Plant está cantando, uma vez que os vocais parecem ter sido comprimidos por uma peneira de metal no final de uma mangueira. Mas não importa muito. Como boa parte desse álbum, "Four Sticks" conta sua história mais com o som do que com palavras. Os momentos mais emotivos de Robert Plant ocorrem durante o melisma sem palavras da conclusão da música, em que o ouvimos gemer como os pinheiros, ou uma gata no cio, ou uma feiticeira beduína. O título da canção também faz referência direta à música: para gerar as batidas estrondosas que atravessam a faixa como ondulações em um lago, John Bonham usou quatro baquetas, duas em cada mão. Como ele usou as quatro baquetas para criar um efeito tão grandioso não está totalmente claro. Talvez ele tenha criado braços, como um deus hindu. Parte de seu desafio é que em boa parte do tempo a canção está em cinco por quatro; em contraste com "Black Dog", que também tinha um tempo complicado, "Four Sticks" não deixa Bonham se estabelecer no quatro por quatro; a música é absurda demais, maluca demais. A sensação que se tem é de que ele não chega a gostar do desafio, mas quaisquer dúvidas sobre sua habilidade são deixadas de lado ao final da faixa, quando, imediatamente após o último verso de Percy, ele começa a desafiar a já desafiadora batida, acrescentando acentos complicados e floreios polirrítmicos difíceis. É uma bravura agressiva, sem dúvida, mas é também o jeito de Bonzo de nos mostrar que Percy tropeçou em seu caminho.

O elemento temático mais importante de "Four Sticks" é seu exotismo oculto, sua sorrateira guinada para o Oriente. Plant afirmou que era para essa canção ter uma "vibe raga", e seus lamentos ostensivos ao final são uma clara referência aos estilos vocais árabe e indiano. Durante o refrão, Jones também cria uma linha melódica que sugere estilos vindos do Oriente Médio e, portanto, forma um capítulo do diário de bordo orientalista que começa com "Black Mountain Side" e "Friends" e culmina em "Kashmir". Durante o solo de Jones no Moog, dá para sentir o sol de "Kashmir" no rosto, os microtons agora revelados como um aceno para uma entonação não europeia. A prova decisiva desse orientalismo velado está no fato de que, em 1972, quando Page e Plant fizeram algumas gravações com a Orquestra Sinfônica de Bombaim, os dois decidiram trabalhar em "Four Sticks" junto com "Friends".

Dito isso, "Four Sticks" dificilmente invoca o cheiro de sândalo de "Black Mountain Side" ou de "Kashmir". Aqui, o Led Zeppelin engoliu tanto suas tendências ao exotismo da Nonesuch Explorer que mal se consegue ouvi-las. Parte dessa resistência reside nas fortes convicções da banda sobre o que constitui autenticidade musical, em especial quando torna-se conhecido internacionalmente. Como tantos músicos nos anos 1960, Page, Plant e Jones escutavam além de suas fronteiras. Mas ainda que amasse Ravi Shankar e tivesse comprado uma cítara muito antes de George Harrison, Page achava que tocar o instrumento em uma gravação seria ridículo, um "truque barato". Como

Susan Fast explica, o Led Zeppelin buscava "autenticidade" não em instrumentações exóticas, mas no ato de encarar a música como *música*, como modos e estilos que pudessem ser integrados no conjunto orgânico da banda. Esse envolvimento *avant la lettre* com a world music também deu à banda a liberdade para experimentar amplamente sons internacionais, se apropriando de diferentes materiais de maneira despreocupada. Page usava o termo "CIA" para descrever sua afinação aberta de guitarra favorita, porque permitia que ele evocasse as músicas celta, indiana e árabe; como um agente infiltrado, Jimmy Page conseguia se esgueirar por esses diferentes ambientes exóticos em seu disfarce modal.

Então que mundo ouvimos emergir das cordas de Page? Diferentemente de George Harrison, Page e Plant nunca se colocaram como aprendizes nem como curadores da música ou da espiritualidade orientais. (O caso se complica com seu trabalho posterior em "No Quarter", que traz artistas egípcios e do Sul da Ásia para a mistura.) O que o exotismo deles evoca, pelo contrário, *é o próprio modo orientalista* — não o lugar, mas a viagem para esse lugar, um movimento da imaginação assim como do corpo que se desloca. Como um herdeiro constrangido do imaginário romântico do século XIX, Page reconheceu especialmente que o orientalismo é composto pelo desejo ocidental tanto quanto pelas verdades orientais, um desejo, por sinal, fantástico. É por isso que o épico místico composto pela banda sobre uma difícil travessia por um deserto árido recebeu o nome de um vale exuberante perto do Himalaia, cheio de árvores, rios e cumes cobertos de neve. Plant e Page são cavalheiros espertos: eles foram capazes de encontrar Kashmir em um mapa. Esse "erro" nos diz que o cerne desse mito não é a sabedoria do Oriente, mas a imaginação herética do Ocidente, uma imaginação que se encontra em *trânsito*. Essa jornada imaginária pode assumir a forma de uma subida ao pico do Kangchenjunga, de um *hookah* cheio de haxixe marroquino ou da viagem que se faz sentado na poltrona com um livro ou um gramofone. Mas, como Percy, a coisa está em movimento.

Esse trânsito continua problemático, em especial se quem está fazendo a viagem são astros do rock brancos e ricos. Como Fast aponta em sua discussão sobre "Kashmir", tocar a música dos outros talvez seja a fusão inevitável de exploração e absorção. Waksman acreditava que o Led Zeppelin não podia se desviar das armadilhas do orientalismo, cujas fantasias se alimentavam da pilhagem do colonialismo ocidental — e sem dúvida do britânico. Mas em "Four Sticks", eu escuto o contrário: o exotismo comprimido e frustrado da canção soa como um *fracasso* na busca orientalista. Cansado de policiais e hippies preguiçosos, Percy vai em busca das místicas Misty Mountains, da "espiritualidade" e de uma transcendência desejada. Como muitos daqueles que seguiam essa busca em sua época, ele vai rumo ao Leste, e essa jornada para o Oriente aparece na música em "Four Sticks". Mas seus esforços fracassam. Ele não consegue abandonar sua garota nem os sonhos que o acompanham — aquelas visões de águas sangrentas cujas marés apocalípticas banham as duas faixas finais do álbum.

Os anciãos tranquilos de "Kashmir" apenas comprovam a regra: diferentemente de tantos de seus pares, o Led Zeppelin não buscou no Oriente sabedoria — espiritual nem musical. Ainda que Page amasse improvisar ao vivo com a afinação da "CIA", que também foi usada em "Kashmir", a banda nunca se rendeu ao tipo de raga-rock livre que representava a consciência oriental para os doidões. O mais perto disso que eles chegaram foram as apresentações ao vivo de "Dazed & Confused", mas ali Page tocava suas notas mais transcendentes com um arco de violino, uma vara arquetípica de música europeia. De modo semelhante, em meio ao modismo da religião oriental, quando George Harrison, Pete Townshend, John McLaughlin e Carlos Santana falavam sobre seus gurus, Jimmy Page falava à imprensa — quando o fazia — sobre a magia cerimonial ocidental. Encontramos uma tendência semelhante em Robert Plant. Apesar do globalismo de "The Song Remains the Same" e de sua esposa anglo-indiana, Plant enraizou sua jovem imaginação em temas britânicos — o que com certeza inclui o tema de Tolkien. Quando o Led Zeppelin ouviu o chamado que incita todos nós a viajar e buscar alguma coisa, a banda não se voltou para o Leste. Como os elfos de Valfenda, eles se voltaram para o litoral do Oeste.

V. When Mountains Crumble to the Sea

"Going to California"
"When the Levee Breaks"

Uma de minhas imagens favoritas da Califórnia aparece na metade de *Dogtown and Z-boys — Onde tudo começou*, o documentário de Stacy Peralta sobre a cena do surfe e do skate amadores de Santa Monica no fim dos anos 1970. Está anoitecendo, e vemos um bando de surfistas loiros calmamente flutuando em cima de suas pranchas na sombra do queimado e destruído Pacific Ocean Park Píer. Potencializado pela estética alucinógena do filme, a cena do pôr do sol irradia um luxo melancólico; é como se, enquanto esperam a última série do dia, flutuando na exuberância azulada e maravilhosa, esses garotos esperassem em silêncio o fim das coisas. Com uma precisão emocional sobrenatural, os criadores do filme escolheram, para acompanhar a cena, a introdução lenta e melancólica de "Achilles' Last Stand", do Led Zeppelin. A adequação da música vai além do fato de a banda ter ensaiado a faixa pela primeira vez em Malibu. Mais do que isso, ela trata da empatia secreta entre o Led Zeppelin e o estado dourado dos Estados Unidos, cuja mistura encantadora de luz e sombra atraíram a atenção e o tesão da banda.

A Califórnia era a Summerland do Led Zeppelin, o que Stephen Davis chama de "lar espiritual". Ao se reunir em Los Angeles no início da sua triunfal primeira turnê americana, a banda causou furor na cena de rock local e entre as groupies antes mesmo de tocar uma nota. Ainda que alguns considerem a performance da Festa do Chá de Boston o show divisor de águas da turnê, Jimmy Page acreditava que sua passagem pelo Fillmore West — que Peter Grant também via como fundamental — foi onde eles "realmente estouraram". "Foi simplesmente um baque!"[96] A banda queria conquistar os Estados Unidos, mas especialmente a Califórnia. Não foi por acaso que a apresentação ao vivo de 1972 lançada em DVD em 2003 foi gravada em Los Angeles e em Long Beach e intitulada *How the West Was Won* [Como o Oeste foi conquistado]. A Califórnia tinha um encanto especialmente forte para Robert Plant, cujas obsessões de garoto já tinham mudado do blues de Chicago para o folk--rock da Costa Oeste americana quando conheceu Page. Nas primeiras entrevistas, Plant fala incessantemente sobre Arthur Lee e o Love, e apesar de Page não compartilhar totalmente o entusiasmo de Plant pelo pop ensolarado e encardido, os sons da Califórnia tiveram uma influência importante no material acústico da banda, em especial em *Led Zeppelin III*. De acordo com Plant, o objetivo deles nas sessões de "Bron-Yr-Aur" era "chegar ao blues californiano de Marin County".[97] "Going to California" é a faixa mais explícita nesse estilo, uma homenagem direta a Joni Mitchell, cuja ode à Califórnia também foi lançada

---

[96] Ritchie Yorke, *Led Zeppelin: the Definitive Biography*. Novato, CA: Underwood-Miller, 1993, p. 74.

[97] Cameron Crowe, encarte de "Led Zeppelin/Light and Shade", Led Zeppelin Box Set, Atlantic Records, 1990.

em 1971. Mas ainda que Plant e Page idolatrassem Mitchell, ela não chega a esgotar a identidade da rainha que toca guitarra e domina a canção.

Robert Plant ficou impressionado com a Califórnia não só porque gostava das bandas, mas porque se sentia atraído, como qualquer hippie entorpecido que se dê o respeito, pelo mito. E a Califórnia era um enorme mito no século XX, em especial para os hippies entorpecidos. Mas que tipo de mito? Uma resposta é a imagem de Plant dos "filhos do sol", que por acaso também é o título de um incrível livro proto-hippie de 1998 escrito por um fazendeiro de produtos orgânicos e entusiasta do movimento pró alimentos crus de Ojai chamado Gordon Kennedy. Com fotos e biografias, Kennedy faz uma associação direta entre o movimento hippie da Costa Oeste americana e uma série de movimentos marginais do fim do século XIX na Alemanha, incluindo *Naturmenschen* [pessoas naturais] e *Wandervögel* [aves migratórias ou espíritos livres], que combinavam estilos de vida "naturais", incluindo o nudismo, vegetarianismo e a naturopatia mística. Assim, os hippies emergiram da mesma nascente alternativa de romantismo neopagão que marcou ocultistas modernos como Madame Blavatsky, Rudolph Steiner e Aleister Crowley. Blavatsky, que foi cofundadora da Sociedade Teosófica, acreditava que o próximo estágio da raça humana surgiria na Costa Oeste da América, onde os devas locais eram fortes.[98]

A imagem do Sol irradia por esse fluxo moderno de misticismo natural. Aqueles que possuem o baralho de tarô Rider-Waite clássico podem entender a energia ao meditar sobre a imagem do arcano maior Sol, que traz uma criança nua e

---

[98] No budismo, um deva é um ser não humano poderoso, que no geral vive mais e melhor do que os seres humanos. [N.E.]

bronzeada, com flores no cabelo, num cavalo branco — ou, possivelmente, para acompanhar Plant, numa égua branca. Esse importante arcano antecipa a adoração da contracultura às crianças com suas brincadeiras supostamente livres, seus prazeres espontâneos e sua inocência frente à experiência. A Califórnia era o local perfeito para esses sentimentos, pois por muito tempo foi lar de uma cultura voltada para a juventude, de muitas maneiras indistinguível de um culto solar. Das propagandas de produtos agrícolas ao *Baywatch*, passando pela surf music, o Sol é um ícone central do estado, seja na abundância material, nas uvas maduras ou nos corpos adolescentes. Esse brilho mitopoético é especialmente intenso no sul da Califórnia; aliás, não parece exatamente uma coincidência que Robert Plant estivesse em Los Angeles quando se autoproclamou um deus dourado.

Em "Going to California", o vocalista insinua que uma geração inteira de deuses dourados está despertando, como aquelas crianças loiras assustadoras em *A cidade dos amaldiçoados*. Em outras palavras, apesar da atmosfera suave, Percy se encontra em uma paisagem apocalíptica. As montanhas estão tremendo e o céu está cinza por causa da fumaça e da neblina ou de alguma outra poeira distópica. Os oceanos sangram o vermelho do Armagedon, como se o rio vermelho que atravessa a cabeça de Percy em "Four Sticks" tivesse chegado à costa. Ou terá algum ato sombrio tingido os muitos mares de vermelho? Seja como for, enfrentamos um escurecimento da luz, o que Jack Kerouac chamou, em uma descrição da cidade de San Francisco dos anos 1950, de "o fim do entardecer do tempo". O fracasso da Califórnia como uma Terra Prometida se transforma, no imaginário coletivo, em uma paisagem trágica de protestos e deslizamentos e distopias à moda *Blade Runner*. É o que o pôr do sol elegíaco do documentário sobre os ratos do skate de Peralta revela: o verão sem fim é uma mentira; o Extremo Oeste é uma terra do sol poente.

Esse brilho outonal é responsável pelo ar de melancolia e raiva introspectiva que permeia a primeira grande onda de cantores-compositores do começo da década de 1970, muitos dos quais viviam em Los Angeles. Em 1971, o desabrochar estava distante da contracultura, e muitos ficaram reféns de uma onda pós-Charles Manson de hedonismo desesperado e escuridão espiritual. "Going to California" participa, assim como profetiza esse modo confessional, mesmo enquanto se mantém dentro da estrutura mítica da busca de Percy pela mulher ideal, uma busca que agora se aproxima de um fim. Quando a canção começa, Percy está de volta ao mundo, de volta do fiasco de "Four Sticks", tentando aplacar seus anseios por transcendência com maconha e vinho. Mais uma vez, ele está insatisfeito com sua parceira, que pode ou não ser a mesma mulher que o perturba desde "Black Dog". Se for o caso, ela tem uma paciência de Jó. Mas o coração de Percy ainda não encontrou plenitude, então, depois de desistir de sua busca espiritual, ele sucumbe ao canto da sereia das garotas da Califórnia. E conforme a canção avança, fica claro para ele, finalmente, que a rainha que ele procura não é nada mais — nem menos — que um mito.

Tanto na sequência quanto no som, "Going to California" é um eco de "The Battle of Evermore". Ambas surgiram do que Page chama de uma "noite tocando guitarra" em Headley Grange. As duas baladas são a terceira faixa dos respectivos lados, e ambas compartilham a instrumentação, especialmente o bandolim harmonioso de Jones. Mas, seguindo a característica mais mundana do lado B, "Going to California" é mais pé no chão. A rainha ainda tem uma dimensão mítica aqui; a falta de um rei sugere a caçadora virgem Ártemis ou, talvez, Ísis, a consorte chorosa do falecido Osíris. Mas agora a rainha é uma mulher real, e o desejo insaciável de Percy se revela pelo que é: uma armadilha erótica. Quando canta o verso ridículo sobre a égua branca e os passos do amanhecer, ele não está, como se pode imaginar, zombando da antiga versão de Marc Bolan — está zombando de seu próprio sentimento sem foco. Ele sabe que está perseguindo uma fantasia, uma figura idealizada que "nunca nasceu". É um momento bem banal da psicologia humana, é claro, mas, *ei!*, Percy é só um garoto. A questão mais profunda trata da função das forças míticas em nossa vida afetiva. As fantasias que mobilizam o encanto do desejo são apenas ilusões? Ou a loucura mágica nos permite encontrar outra ordem de presenças, poderes celestiais que tentamos em vão trazer para a comédia humana do romance e da rotina? Percy não sabe. Ele só sabe que é difícil.

A Califórnia com certeza é um lugar apropriado para a realização de Percy, considerando que seu nome vem de uma ilha mítica do Amazonas descrita em um romance espanhol do século XVI como uma terra governada pela deslumbrante rainha Califia — definitivamente uma rainha sem rei. Mas a ironia mais rica está no fato de, no que diz respeito aos homens do Led Zeppelin, está no fato de a Califórnia e, em especial, Hollywood, ser a terra das mulheres, o grande lugar das orgias. A banda era especialmente próxima das GTOs, uma banda ligada a Frank Zappa que fazia performances femininas extremamente ousadas, e que incluía algumas das groupies mais ativas da época, entre elas a maravilhosa Pamela Miller, que depois se tornou Pamela Des Barres e autora de *Confissões de uma groupie*. "Miss Pamela" era muitas vezes vista com Jimmy Page até ele conhecer Lori Maddox, uma garota nascida em Los Angeles com lábios voluptuosos, olhos de *anime* e míseros 14 anos de vida. Apesar das descrições de Maddox sobre essa sedução em *Hammer of the Gods* se parecerem muito com um sequestro, ela fala com carinho do guitarrista até hoje, e, para além de suas habilidades com chicotes, ele aparece em suas descrições quase como um gatinho. Page acabou voltando suas atenções para Bebe Buell, que mais tarde se tornaria mãe da linda elfa da Terra Média Liv Tyler. (A coisa nunca para, não é?) Uma briga entre Maddox e Buell pode ter acontecido; em 1974, Page descreveu um conflito entre groupies como "comer sanduíches recheados com lâminas".[99]

Como juntar o desejo romântico de "Going to California" com sanduíches de lâminas, sem contar o estupro estatutário? A resposta depende em parte de como integramos biografia e arte, em especial quando a biografia tende à perversão, ou pelo menos ao mau gosto. Afinal, essa é a banda reconhecida pela revista *Spin* como protagonista do momento mais vulgar do rock, envolvendo a inserção de um fruto do mar em uma ruiva aparentemente disposta no Edgewater Inn de Seattle, em 1969. Deixando esses paladares questionáveis de lado, pode ser desconcertante contemplar o enorme banquete de prazeres que o cosmos ofereceu a Robert Plant e à banda nos tempos áureos. Mas isso é parte da questão: a satisfação que o Led Zeppelin deu a tantos de nós é em parte uma projeção de nossas fantasias sobre a própria satisfação da banda com o mundo.[100] Quanto à questão de luz

---

[99] Robert Gordon, *Led Zeppelin: The Press Reports*. Burlington, Ontário: Collectors Guide Publishing, 1990, p. 296.

[100] Como disseram os Beastie Boys: "If I played guitar I'd be Jimmy Page/ the girlies I like are underage", ou, em tradução livre, "Se tocasse guitarra, eu seria o Jimmy Page/ as garotas de que eu gosto são menores de idade".

e sombra, o anseio vibrante de baladas do Led Zeppelin como "Going to California" só é intensificado pela ideia de que esses homens perseguiram suas paixões até o limite.

Quando chegou o momento de mixar 🜋🜍🜎🜏, a Califórnia se rebelou e mostrou suas garras para o Led Zeppelin. O engenheiro Andy Johns sugeriu um estúdio conhecido em Hollywood, dizendo que o lugar tinha o equipamento de ponta necessário para aprimorar o som final do álbum. Mas o jornalista Andy Fyfe afirma que Johns na verdade queria visitar Los Angeles por causa de uma garota, e é de suspeitar que Jimmy Page não estivesse achando ruim ter uma desculpa para voltar a Hollywood. Quando eles chegaram, em fevereiro de 1971, o San Fernando Valley foi assolado por um dos terremotos mais devastadores da história da Califórnia. Depois que o álbum foi mixado e a banda voltou para o Reino Unido, eles descobriram que as fitas estavam péssimas. Houve uma briga, Johns saiu, e meses foram perdidos para encontrar um novo engenheiro e remixar o álbum. O nome do desastroso estúdio? Sunset Sounds.

Ring Your Hands and Moan

No filme *The Song Remains the Same*, cada membro do Led Zeppelin realiza sua fantasia na tela. Robert Plant interpreta um cavaleiro que resgata uma donzela de um castelo galês, sem dúvida de olho em traçar a donzela. Jones encarna o Scarecrow, um ladrão de beira de estrada mascarado do século XVIII que enfrentou os homens do rei em defesa dos criminosos. Jimmy Page sobe uma montanha perto de Boleskine e misticamente se funde com o ermitão do encarte de 🜋🜍🜎🜏, uma figura que Page afirma simbolizar o "Father Time", mas que Thomas

Friend identifica como o Sagrado Anjo Guardião da magia telêmica. O que John Bonham faz? Ele pilota um AA Fueler a 420 quilômetros por hora pela Santa Pod Raceway da Califórnia.

Corpulento e às vezes desfilando um *mullet*, Bonham era o membro mais pé no chão do Led Zeppelin, o mais proletário, o mais simples na fala e nos gostos. Aparecendo no filme da banda em sua fazenda de 40 hectares em Old Hyde, Worcestershire, onde criava touros Hereford premiados, Bonham parece estar em casa no mundo material, cercado por máquinas velozes e animais produtivos. O próprio Bonham também poderia ser uma espécie de animal, tendo ganhado o apelido de "Beast" [Fera] por causa do hábito de grunhir como uma fera quando estava suficientemente embriagado, o que acontecia com frequência. Em 24 de setembro de 1980, ele morreu na propriedade de Jimmy Page depois de consumir algo como quarenta doses de vodca e engasgar com o próprio vômito. Embora de acordo com alguns relatos fosse o mais simpático dos quatro, ele também podia se transformar em um *orc* feroz, e cometeu uma série de agressões — contra homens e mulheres — durante sua curta vida.

Quanto da bateria de Bonham era movido por sua personalidade, que só conhecemos através do véu caricato de rumores e relatos? Isso continua sendo uma questão em aberto, em especial com essa banda, na qual personalidade, mito e performance se misturam. Desconfio que o apelo viking do Led Zeppelin esteja relacionado de alguma forma à vulgaridade que muitos ouvem nas batidas de Bonzo (Robert Christgau o chamava de "mão de martelo"). Mas sua força física como baterista e sua relativa falta de sofisticação técnica de fato indicavam algo primitivo em atividade naquele homem e nos sons que ele produzia. Embora fosse um baterista sagaz, seu trabalho se caracterizava essencialmente por seu poder nada comedido; por sua habilidade em atacar uma bateria com força e controle suficientes para emitir ondas sonoras para dentro do seu crânio com a firme convicção de um urso-pardo golpeando a porta traseira de um carro. Mas até isso soa *mamífero* demais. Diferente de Keith Moon, um baterista poderoso que ele compreensivelmente idolatrava, Bonham nem ao menos tocava com o "coração" de verdade, pois "coração" implica um exagero apaixonado. Ele nunca era efusivo, pelo menos publicamente; nada nunca transbordava. O que ouvimos em sua bateria tem raízes mais profundas que o coração, um pulsar absoluto que emerge do núcleo fundido da Terra, que passa o tempo com a calma monumental de uma placa tectônica continental. Bonham não é primitivo, ele é primordial.

O sigil ⊕ de Bonham, gravado em seu bumbo, alude ao elemento terra; dentro da dinâmica alquímica da banda, ele trazia concretude e sustentação. Com as batidas trovejantes e ocas que abrem "When the Levee Breaks", fica claro que o último capítulo de ⚶ ⚭ ⊕ ① é movido por energias telúricas, pela invocação do destino feita pela bateria, em vez do grito da guitarra por liberdade. Esses sons são o núcleo fundido do rock: um peso que flui, que nos eleva com uma sensação de afundamento. Esse desfecho não é um cume enevoado — isso veio antes, com "Stairway to Heaven". Em vez disso, nós nos afastamos do mito e voltamos à raiz, à matéria, ao canto fúnebre da terra. Afinal, é uma canção sobre um desastre ecológico e o triunfo dos elementos sobre nossas tentativas patéticas de controle. Se existe uma dama na canção, é a Mãe Natureza, e ela tem questões mais cataclísmicas em que pensar do que o último passeio pela relva de Robert Plant.

Como um blues, "When the Levee Breaks" é de certa maneira um retorno às raízes; não porque o blues tem alguma relação com a natureza, mas porque os músicos britânicos da geração do Led Zeppelin o consideravam *a* fonte. A genealogia do rock é mais complexa do que isso, é claro, mas nas circunstâncias desarraigadas da modernidade muitas vezes escolhemos nossos ancestrais, e, por uma série de razões, nobres ou não, os músicos britânicos escolheram os blueseiros americanos negros. Foi também no blues revisionista que o Led Zeppelin se uniu musicalmente pela primeira vez. Como suas primeiras gravações piratas revelam, o blues ajudou a banda a descobrir as energias vulcânicas que mais tarde seriam refinadas e organizadas em uma combinação única. Robert Christgau indica que o blues remodelado do Led Zeppelin costuma soar ao mesmo tempo estranhamente cerebral e quase parodial em seu exagero. Mas com "When the Levee Breaks", como ele observa, a banda simultaneamente transcende essas peculiaridades e as concretiza plenamente, criando uma canção que "de fato soa como blues", mesmo com os crescendos de sinfonia. Esse é o blues definitivo do Led Zeppelin no disco. É a visão do revisionismo.

Em se tratando do blues branco britânico, no entanto, o Led Zeppelin tem uma relação especialmente incômoda com o gênero. A questão é a apropriação — para ser específico, a recusa, por parte da banda, custosa no fim das contas, de dar muito crédito aos músicos de blues de cujas letras e músicas eles se apropriaram. Nos ensaios e no palco, Plant bebia livremente da fonte do cânone do blues e parecia acreditar de verdade que aquelas canções, por sua vez, tinham surgido de algum poço coletivo de memória que recebia todos de braços abertos. Considerando a maneira como a música americana antiga foi reembalada para os jovens consumidores durante a explosão do folk e do blues do começo dos anos 1960, essa não era uma suposição descabida. Mas a intenção não faz parte da polêmica. Com composições como "Bring It on Home", que pinta o rosto de preto mesmo enquanto faz movimentos brancos, o Led Zeppelin trouxe de volta uma narrativa racial que data de Elvis: artistas brancos ficam ricos à custa do trabalho de americanos negros.

De certa forma, é tudo uma questão de dinheiro, e seria grosseiro não aplaudir qualquer acordo que tenha sido feito por Willie Dixon depois de processar o Led Zeppelin nos anos 1980 por roubar a letra de "Whole Lotta Love". Por outro lado, o fato de a banda ter pagado a conta não elimina as questões complexas sobre como os artistas copiam e colam para criar uma novidade dentro de um gênero. Além do mais, dados os intensos conflitos sobre a propriedade intelectual — que colocaram a cultura pública contra o exercício corporativo insaciável do copyright —, é mais difícil ver o processo de Dixon como o simples triunfo de um músico prejudicado por piratas brancos e arrogantes.

O que não quer dizer que o Led Zeppelin não poderia ser, como Will Shade os chamou, um bando de "papagaios ladrões". Em um artigo na *Perfect Sound Forever*, Shade cataloga, de maneira meticulosa e mordaz, os empréstimos nas letras de Robert Plant e as apropriações por vezes mesquinhas de Jimmy Page de seus heróis e colegas.[101] Shade tinha feito a lição de casa, ainda que sua grande revelação — de que Page se apropriou, "nota por nota", dos acordes de abertura de "Taurus", do Spirit,

---

[101] Will Shade, "Thieving Magpies". Disponível em: http://www.furious.com/perfect/yardbirds2.html. Acesso em outubro de 2004.

em "Stairway to Heaven" — seja bastante frágil.[102] Talvez o ponto mais importante sobre a apropriação criativa do Led Zeppelin seja que, apesar de que pudessem ser papagaios, eram papagaios a favor de *oportunidades iguais*. Em todo o alvoroço sobre a pirataria blueseira da banda, é raro encontrar críticos em protesto levantando a bandeira de Bert Jansch, apesar de Jimmy Page ter extraído a maior parte dos elementos de "Black Mountain Side" da pérola de Jansch de 1966, "Blackwaterside". Ainda que Bert Jansch tenha registrado a canção como "autoral", Page considerou sua roupagem suficientemente original para se dar crédito único sobre a composição.

Considerando essa conduta, podemos vislumbrar a mão de algum ironista cósmico por trás do fato de que as batidas que abrem o principal blues do Led Zeppelin se tornaram o sample mais amplamente usado do rock. Além de ter rendido uma variedade de compilações de breakbeat, o riff de "When the Levee Breaks" de Bonham foi sampleado por Ice T, Dr. Dre, Derek B, Puff Daddy, Eminem, Coldcut e pelo Massive Attack, entre muitos outros. Embora não esteja em pé de igualdade com "Funky Drummer" ou o "Amen break", esse fragmento de Bonham se infiltrou permanentemente no DNA coletivo do hip-hop e da dance music. Os Beastie Boys talvez tenham feito a apropriação mais notável (e tematicamente apropriada) de Bonham em "Rhymin' and Stealin', que abre sua obra-prima de hip-hop, *Licensed to Ill*. Considerando a investida branca dos Beastie Boys no que na época era definitivamente um gênero

---

[102] Apesar da linha melódica descendente semelhante — que Page com certeza conhecia em 1969 —, "Taurus" carece do contraponto e da cadência que fazem a abertura de "Stairway to Heaven" soar como um madrigal elisabetano em vez de uma viagem de drogas na Costa Oeste.

negro, talvez seja apropriado que a torrente que abre o álbum tenha sido sampleada do baterista mais pesado do rock branco, que também entendia de levada; com certeza a letra da música revela uma dívida para com o mito de um Led Zeppelin saqueador. ("Skirt chasing, freebasing, killing every village/ We drink and rob and rhyme and pillage" [Correr atrás de rabos de saia, purificar cocaína, matar todos os vilarejos/ Nós bebemos e roubamos e rimamos e saqueamos].) Algumas histórias do sampling afirmam que o Led Zeppelin, ou seus advogados, tentaram processar os Beastie Boys por infringir as leis de copyright, um movimento que marcou o começo do fim do alcance livre do sampling. Mas Mike D insiste que o Led Zeppelin nunca entrou em contato com eles por causa do som, das rimas ou do estilo. "Talvez seja porque eles têm as três categorias bem definidas", ele acrescentou.

"When the Levee Breaks" levanta outra questão relacionada à propriedade. Por que, dado o histórico de parcimônia da banda com isso, o Led Zeppelin dá crédito a Memphis Minnie pela canção, além de seus quatro membros? Minnie escreveu e gravou "When the Levee Breaks" com o marido, Kansas Joe McCoy, em 1929, pouco antes de o casal de violonistas se mudar do Tennessee para Chicago. Embora a canção do Led Zeppelin seja totalmente diferente, Plant assume que manteve a maior parte dos versos originais. Mas acredito que exista um significado maior nessa invocação de Minnie ao final de 🎸🏔🐸①, pois a gravação da faixa original é bastante singular, mas a mulher que a interpretou era um furacão. Sendo uma ponte entre o country blues do delta do Mississippi e os grupos urbanos de Chicago, bem como um elo com as cantoras de blues clássicas dos anos 1920, Minnie foi uma das primeiras criadoras do som de Chicago do pós-guerra. Em seus grupos, Minnie sempre tocou os solos, e seu dedilhado intricado lhe rendeu muitos confrontos. Mas seu movimento mais visionário foi utilizar uma guitarra, tendo escolhido o instrumento pelo menos um ano antes de Muddy Waters. A guitarra de Minnie nunca foi gravada, mas, se podemos confiar em uma coluna de 1943 de Langston Hughes, ela era feroz — mundos de distância do som límpido de Charlie Christian ou do material de supper-club que ela gravou como parte do time conscientemente sofisticado de Lester Melrose, da Bluebird:

> Memphis Minnie senta sobre a geladeira no 230 Club em Chicago e toca blues na guitarra... A guitarra é muito alta, a ciência potencializou toda a sua delicadeza. Memphis Minnie canta com um microfone, e sua voz — dura e forte para uma mulher tão pequena — se torna mais forte e mais dura com o som científico. O canto, a guitarra e a bateria são tão fortes e tão altos, amplificados pela General Electric acima da geladeira, que às vezes a voz, as palavras e a melodia se perdem no ruído, deixando apenas o ritmo soar de forma clara. O ritmo preenche o 230 Club com uma pulsação profunda e sombria que se sobrepõe a toda amplificação moderna. O ritmo é tão antigo quanto o ancestral mais remoto de Minnie.[103]

Apesar da invocação dos antigos, Hughes acaba enfatizando a dimensão industrial do som de Minnie — "uma versão musical dos soldadores elétricos e de um laminador". Sua descrição nos ajuda a ouvir o que Big Bill Broonzy queria dizer

---

[103] Langston Hughes, "Memphis Minnie on the Icebox". Disponível em: http://www.ralphmag.org/CB/memphis-minnie.html. Acessado em outubro de 2004.

quando falou que Minnie "tocava como um homem", mas é provavelmente mais correto dizer que ela tocava como um ancestral. Evocando atmosferas rurais com máquinas modernas, Minnie deu à luz um novo mundo de som elétrico.

Não sei o que Robert Plant ou Jimmy Page sentiam por Memphis Minnie, mas ainda ouço a versão deles de "When the Levee Breaks", com a guitarra e os vocais delirantemente processados, como uma homenagem a uma musicista de blues cujo próprio espírito elétrico feroz nunca foi fixado em vinil. Mas Minnie era mais do que uma artista de respeito — ela era uma musicista *mulher* de respeito, tão poderosa e importante para ❧ ⚔ ❀ ① quanto Joni Mitchell ou Sandy Denny, ainda que de uma origem ancestral. A presença dessas três mulheres não deve ser considerada acidental em um álbum dedicado à busca da Dama, em especial em uma obra tão masculina quanto a do Led Zeppelin. Todas também são figuras de poder: Denny comanda soldados com sua voz extraordinária, Mitchell foge do alcance de reis e de Percy e Minnie é coautora da canção mais pesada do álbum. Em vez de servirem de avatar para uma corrente feminina nebulosa, essas mulheres, essas colegas, são uma réplica ao idealismo desajeitado de Percy, que a essa altura já o levou ao limite.

Alguns ouviram a performance do Led Zeppelin como uma expressão de ansiedade sexual. Afirmando que a represa quebrada é um dos medos simbólicos centrais do "imaginário protofascista", Joy Press e Simon Reynolds perguntam se esse "tour de force do som do Dia do Juízo" não é na verdade uma "alegoria do medo do engolfamento feminino elevado à nota histriônica do pânico cósmico"?[104] Certamente podemos ouvir

---

[104] Simon Reynolds e Joy Press. *Sex Revolts*. Cambridge, MA: Harvard University Press, 1996, p. 96.

esse engolfamento que Press e Reynolds descrevem. "When the Levee Breaks" traz um dos riffs mais incessantes de qualquer canção do Led Zeppelin, um canto fúnebre esmagador interrompido apenas pela repetição da ponte feita pela guitarra, que funciona como a última tentativa de transcendência pop de Percy. Mas cada vez que voltamos aos 12 compassos centrais, a ressaca implacável se torna mais densa, mais estranha e mais sombria. As guitarras, os vocais e a gaita são submetidos a um momento de peso, criando um redemoinho que Page e Johns intensificam com *panning*, guitarras invertidas, eco invertido e outros truques cujos efeitos desestabilizadores só podem ser apreciados de fato com fones de ouvido e um cérebro enfumaçado.

O efeito de todo esse "som científico" de fato engole o ouvinte, enquanto as fronteiras que definem e separam os instrumentos e a voz começam a se dissolver em um vórtex, uma experiência que Page descreveu certa vez, em uma discussão sobre efeitos de eco, como "sugando você para a fonte".[105] Mas isso é o engolfamento *feminino*? A ideia, acredito eu, é que o ego masculino bem-formado que o Led Zeppelin supostamente representa pode ser ameaçado ou esmagado pelo Eros feminino. Mas Percy passou o álbum todo buscando transcendência através da Dama; ele *quer* ser engolido por ela. E não faz muito sentido, psicologicamente, cantar uma composição escrita por uma mulher para expressar seu medo do poder da mulher. O Led Zeppelin não tem esse tipo de ironia. Então enquanto ouço as águas surgindo e sugando nessa canção do Dia do Juízo, é isto que acho que são: *águas*. Às vezes uma vagina é só uma vagina, e um dique rompido é só um dique rompido. ❧ ⚛ ❀ ①

---

[105] Jim DeRogatis, *Turn on Your Mind: Four Decades of Great Psychedelic Rock*. Milwaukee, WI: Hal Leonard, 2003, p. 390.

termina com o elemento da água, em uma enxurrada de ondas analógicas.

Além do mais, enquanto soldados podem tremer diante da ideia de uma represa quebrada, um dique rompido tem um significado muito mais intenso, em especial para fãs de blues como o Led Zeppelin. A canção de Minnie e McCoy é apenas uma de uma série de clássicos do blues — Charley Patton, Bessie Smith, Blind Lemon Jefferson e Lonnie Johnson compuseram outras — a refletir o caos gerado pela enchente de 1927 no delta do Mississippi, um pesadelo que marcou a história do blues como o naufrágio do *Titanic* marcou a história dos Estados Unidos. A enchente de 1927 é muitas vezes descrita como um dos piores desastres naturais da história americana, e, como costuma ser o caso, a palavra "natural" oculta a arrogância humana — nesse caso, a velha tentativa de controlar a enchente periódica do Big Muddy. Para atingir esse objetivo audacioso, os engenheiros represaram o rio em um único canal definido por milhares de quilômetros de espinhaços — alguns da altura de prédios de quatro andares. Protegidas por esses diques, as ricas planícies aluviais do delta passaram a abrigar arrendatários negros de fazendas em acampamentos, vilarejos rústicos e licenciosos perfeitos para trabalhadores brutalizados, prostitutas e um ou outro blueseiro viajante. No começo de 1927, uma chuva pesada encheu o rio, fazendo-o chegar a grandes alturas antes que a água irrompesse, resultando na enchente que assolou uma área do tamanho de Connecticut. Centenas de pessoas morreram e cerca de 2 mil ficaram desabrigadas, muitas delas desfazendo suas raízes inexistentes e seguindo para o Norte, principalmente para Chicago.

Assim como o naufrágio do *Titanic*, a enchente do delta assumiu proporções bíblicas ao ser recontada. Até hoje, conforme a memória histórica se perde no tempo, o acontecimento ganha a força do Juízo Final, e sua aparição recente mais poderosa foi em "High Water", de Bob Dylan, uma "Desolation Row" [fila da desolação] da enchente que aparece em *Love and Theft*, de 2001. Dylan compôs a canção para Charley Patton, um morador do delta que gravou o blues original mais poderoso sobre o rompimento do dique e um dos mais relevantes para a condição de Percy ao final do disco. Dos dois lados de um 78 rotações gravado em 1929, esse intenso cantor abandona seu lar inundado e vai para outras cidades no Mississippi e no Alabama, apenas para descobrir que as águas já chegaram ao seu destino: Rosedale, Greenville, Vicksburg, Blytheville, Marion City. Enquanto as águas se espalham, a tentativa de fugir do canto se torna cada vez mais inútil. Ainda que Patton nunca perca sua pegada documental, a monstruosidade do acontecimento revela uma dimensão universal da história, um espaço de falta de abrigo e perda do qual nenhum de nós pode esperar sair, ainda que seja preciso tentar. O verso final é tão desolado quanto qualquer coisa escrita por Kafka ou Beckett, e bem menos engraçado: "I couldn't see nobody's home, wasn't no one to be found" [Eu não conseguia ver a casa de ninguém, não havia ninguém para encontrar].

Até mesmo os milionários famosos e hedonistas do Led Zeppelin conheceram tal desolação na vida, ainda que eu desconfie que tenham encontrado poucos sinais disso no começo dos anos 1970. Mas, de sua parte, Percy chegou ao fim do processo. As águas que vão tragá-lo são a apoteose do distúrbio ecológico que foi se formando ao longo do álbum, de mares vermelhos até montanhas tremendo, das maçãs podres aos pinheiros chorando. A Mãe Natureza está abalada, ela está chorando e sangrando; o equilíbrio não está voltando. Mas os diques também não estão contendo nada, pois nenhuma ferramenta da modernidade de Mefisto, de jatos e guitarras, vai conter a enchente. Somos apenas aprendizes da civilização do feiticeiro. Basta escutar os sons científicos que inundam a voz de Percy ao final da canção: a tecnologia afoga todos nós.

Percy sabe que é um "homem da montanha", um ser espiritual, e ainda quer seguir por caminhos que o levem mais alto e adiante. Mas agora ele está afundando, a terra foi destruída e as montanhas, levadas embora. Finalmente ele se dá conta de que foi um tolo: durante toda a sua busca infrutífera e cruel insatisfação, ele teve uma boa mulher e um lar feliz. Ele falhou no monomito de Joseph Campbell. Ele não é um herói, é um estúpido. Mas é tarde demais — "too fucking late", como diz Chuck Eddy. "Você devia ter pensado nisso antes de partir."[106] Percy faz uma última aposta, em direção a Chicago, mas nós não levamos fé nisso — nem ele. As águas estão subindo, e ele vai afundar. Como Don Giovanni ao fim do espetáculo, como as geleiras derretendo nas terras do gelo e da neve, como o pobre Bonzo morrendo na assustadora cama de Jimmy, Percy vai afundar. Ouvimos um sutil e estranho floreio de guitarra bem no final, como o latido de um cachorro desgrenhado ou um raro raio verde no pôr do sol. Então o silêncio engole a estrada sinuosa, e o espírito vai embora e flutua pelo ar.

---

[106] Chuck Eddy, *Stairway to Hell: the 500 Best Heavy Metal Albums in the Universe*. Nova York: Harmony, 1991, p. 13.

VII. Coda: In the Evening

Grupos como o Led Zeppelin nunca mais vão atravessar a paisagem do imaginário pop. Eles foram verdadeiros dinossauros do rock, criaturas enormes e vagamente malévolas que possuíam mais força do que prosencéfalo e, no entanto, eram emplumadas com a graça dos pássaros canoros parentes distantes do Tiranossauro Rex e família. Figuras como essas nunca mais vão aparecer, não só porque o Led Zeppelin era uma fusão única de talentos únicos, mas porque o mundo em que eles viviam desapareceu, assolado por uma série de asteroides — punk rock, MTV, aids, ternos e gravatas. O mundo deles era o começo dos anos 1970, uma era marcada pelo desaparecimento lento das esperanças e expectativas utópicas da contracultura. Os filhos do sol se tornaram adolescentes rebeldes do poente, enquanto uma geração revolucionária despertou e descobriu que estava em um mercado de consumo de massa, a bordo de uma embarcação de tolos, enquanto o exército de guitarras de John Sinclair se tornou de Jimmy Page. A razão pela qual a maior parte dos *revivals* da década de 1970 se concentra no *kitsch* — carinhas sorridentes, calças boca de sino, o grande Billy Jack — é que ainda não podíamos enfrentar o mal-estar, não conseguíamos respirar o ar de sonhos desfeitos, de paranoia e recolhimento, de fuga silenciosa. A superfície da década era espalhafatosa e estilosa, mas as profundezas eram pesadas, um peso que se pode ouvir nas guitarras do metal, no som negro do funk e na introspecção mórbida dos cantores-compositores. Até os Carpenters podem soar como um canto fúnebre.

A sensação sombria está por trás de boa parte da "ocultura pop" que explodiu no começo dos anos 1970: o surgimento das seitas e dos gurus, o *boom* na publicação de títulos de fantasia ocultista e "metafísica" e a difusão de um misticismo pagão, levemente entorpecido, pelas mentes, pelas artes e pelo estilo de vida de uma geração. Essa virada mística em parte representava a fuga do real. Mas também refletiu o grau a que os anos 1960 abriram a válvula do inconsciente e liberaram seus conteúdos delirantes para a mente popular e seu par comercial: a mídia de massa. O Led Zeppelin, com seu ar de majestade e mistério, fez discos que alimentaram esses anseios de poder e encanto, de mística hedonista. Seu sucesso comercial, assim como sua reputação selvagem, era intrínseco a seu glamour, de uma forma que não acontecia com os Beatles ou com os Rolling Stones. Eles conquistaram o topo da montanha, e estavam se esbaldando como conquistadores coroados. Mas essa autoridade vulgar foi compensado pela inquietação de sua música, pelas divagações de Robert Plant, pela música de Jimmy Page, pelos vários gêneros explorados pela banda e pelas turnês épicas. Os membros do Led Zeppelin eram deuses do rock que encenaram seu próprio *O crepúsculo dos deuses*; ídolos que se cobriam com o crepúsculo. E essa melancolia pagã transformava sua força bruta em um acorde mais duradouro e sonoro. Como *Beowulf* ou *Moby Dick*, toca a nota trágica de seus tempos, e de outros — o grito de passagem que faz eco em todas as sagas dos não redimidos.

© Editora de Livros Cobogó

Organização
Frederico Coelho
Mauro Gaspar

Editora-chefe
Isabel Diegues

Editora
Mariah Schwartz

Coordenação editorial
Julia Barbosa

Coordenação de produção
Melina Bial

Tradução
Alyne Azuma

Revisão de tradução
Julia Rónai

Revisão
Eduardo Carneiro

Projeto gráfico e diagramação
Mari Taboada

Capa
Radiográfico

CIP-BRASIL. CATALOGAÇÃO-NA-FONTE
SINDICATO NACIONAL DOS EDITORES DE LIVROS, RJ

Davis, Erik
L983s Led Zeppelin IV / Erik Davis ; tradução Alyne Azuma. - 1. ed. - Rio de
Janeiro: Cobogó, 2015.

168 p. (O livro do disco)

Tradução de: Led Zeppelin IV
ISBN 978-85-60965-92-2
1. Led Zeppelin (Conjunto musical) . 2. Grupos de rock - Inglaterra.
I. Título. II. Série.

15-26337

CDD: 927.8166
CDU: 929:78.067.26)

Nesta edição, foi respeitado o Acordo Ortográfico da Língua Portuguesa
de 1990, que entrou em vigor no Brasil em 2009.

Todos os direitos em língua portuguesa reservados à
Editora de Livros Cobogó Ltda.
Rua Jardim Botânico, 635/406
Rio de Janeiro – RJ – 22470-050
www.cobogo.com.br

O LIVRO DO DISCO

Organização: Frederico Coelho | Mauro Gaspar

The Velvet Underground and Nico | *The Velvet Underground*
Joe Harvard

A tábua de esmeralda | *Jorge Ben*
Paulo da Costa e Silva

Estudando o samba | *Tom Zé*
Bernardo Oliveira

Endtroducing... | *DJ Shadow*
Eliot Wilder

LadoB LadoA | *O Rappa*
Frederico Coelho

Daydream nation | *Sonic Youth*
Matthew Stearns

As quatro estações | *Legião Urbana*
Mariano Marovatto

Unknown Pleasures | *Joy Division*
Chris Ott

Songs in the Key of Life | *Stevie Wonder*
Zeth Lundy

Electric Ladyland | *Jimi Hendrix*
John Perry

2015

1ª impressão

Este livro foi composto em Helvetica.
Impresso pela gráfica Stamppa,
sobre papel offset 75g/m².